সফল বক্তা
এবং
বাক্-প্রবীণ কীভাবে হবেন

सफल वक्ता एवं वाक्-प्रवीण कैसे बनें

How to be a Successful Orator and Presenter

সুরেন্দ্র ডোগরা 'নিদোর্ষ'

Published by:

F-2/16, Ansari road, Daryaganj, New Delhi-110002
☎23240026, 23240027
✉ info@vspublishers.com • 🌐 www.vspublishers.com

 **Online Brandstore: amazon.in/vspublishers**

Regional Office : Hyderabad
5-1-707/1, Brij Bhawan (Beside Central Bank of India Lane)
Bank Street, Koti, Hyderabad - 500 095
☎ 040-24737290
✉ vspublishershyd@gmail.com

Follow us on:   

BUY OUR BOOKS FROM: AMAZON FLIPKART

ISBN 978-93-579400-5-4
New Edition

Printed at : Param Offsetters, Okhla, New Delhi–110020

সফল বক্তা
এবং
বাক্-প্রবীণ কীভাবে হবেন

অধিকাংশ বক্তার বলার কৌশলে, বর্ণনা শৈলীতে, তার আওয়াজে চিত্তাকর্ষক গম্ভীরতা, আর জাদু থাকে। আর সেই জাদু বাক-শিল্পতে আরোপিত করা হয়।—

—স্বামী রামতীর্থ

সর্বোত্তম বাক-শিল্প সেটাই, যা স্বেচ্ছায় কর্ম করিয়ে নেয়।—

—লাওড জর্জ

ভাষণ মানুষের মস্তিষ্কের উপর শাসন করার শিল্প।

—প্লেটো

ভাষণ এক শক্তি। ভাষণ কাবু করার জন্য, মত বদলানোর জন্য আর বাধ্য করার জন্য।

—ইমারসন

বিনা বুদ্ধিতে বক্তা বিনা লাগামের ঘোড়ার মতো হয়।

—ইউফ্রাস্টস্

পৃথিবীর অনেক ব্যক্তি বা নেতা হয়ত এইজন্য মহান হয়েছেন, কারণ তিনি বুদ্ধিমান হওয়ার সাথে সাথে সফল বক্তাও হ'ন। আজ পণ্ডিত জওহরলাল নেহুরু, চার্চিল এবং জন কেনেডির ভাষণও ততটাই স্মরণীয়, যতটা তাঁর উপলব্ধি। প্রভাবশালী বক্তারা কেবল মানুষের মধ্যেই নিজেদের স্থান করে নেন না, তাঁরা নিজেদের কর্মক্ষেত্রে এবং ব্যক্তিগত জীবনেও অন্যদের প্রভাবিতও করেন। এই বই লেখার আমার একটাই উদ্দেশ্য যে আপনি এতে দেওয়া উপায়গুলি তথা কৌশল আপনার সময়কে বাঁচিয়ে আপনাকে উচিত মার্গ-দর্শন করাবে, যাতে আপনি একজন সফল বক্তা হয়ে উঠতে পারেন।

লেখকের কলম থেকে.....

ভিতরের পৃষ্ঠায়—

এই বইটি কেন নির্বাচন করবেন

যারা ভারতীয় মনন-সম্পন্ন পাঠক, তাদের জন্য আমি এই বই লিখেছি। আমি জানি যে আপনারা আপনাদের লক্ষ্যে পৌঁছতে সক্ষম এবং একই সাথে আমি আপনাদের আমার আন্তরিক ধন্যবাদ জানাচ্ছি কারণ এই বইটা আপনাদের নিজেদের লক্ষ্যে পৌঁছতে সাহায্য করবে। আমি বিশ্বাসী এবং গ্যারান্টি দিচ্ছি, যে আপনারা একজন সফল বক্তা হয়ে উঠবেন যদি আপনারা এই বইয়ের সমস্ত কলাকৌশল আয়ত্ত করতে পারেন। আমি নিশ্চিত যে আপনারা আপনাদের বক্তব্যকে আরও বেশি উপভোগ করবেন যদি আপনারা এই বইটি উপভোগ করতে পারনে।

বক্তারা জন্মগতভাবেই বড়ো হয়না। তারা একজন ভালো বক্তা হওয়ার জন্য অনেক শিক্ষা-দীক্ষা গ্রহণ করে থাকেন। সঠিকভাবে বলতে গেলে—"প্রশিক্ষণ মানুষকে সঠিক করে তোলে।" তারা সু-কলাকৌশল ও কঠিন পরিশ্রম দ্বারা শিক্ষালাভ করে এবং তারা একজন ভালো ও আকর্ষণীয় বক্তা হিসাবে প্রদর্শিত হয়। কঠিন পরিশ্রমই হল এক এবং একমাত্র প্রশংসনীয় ও প্রকৃত উপায়। সফলতা পাওয়ার কারণ—"কঠিন পরিশ্রমের কোনো বিকল্প নেই।

পশ্চিম দেশের লোকেরা এই মহত্বপূর্ণ বিষয়ের উপর অনেক বেশি অনুসন্ধান করেছেন এবং অনেক বই লিখেছেন। কিন্তু সেই বইতে দেওয়া উপায়গুলি ভারতীয় পরিস্থিতির উপযোগী নয়। আমি এই বইটি লিখেছি আমার গবেষণা ও আত্মোৎসর্গের একটি অংশ নিয়ে। আমার পরিবারের লোকেরাও এই বইটির জন্য অনেক স্বার্থ ত্যাগ করেছে। আমি আশা করব তাদের মূল্য দেবেন। আপনারা বইটি আজ পড়ুন শুধুমাত্র তাদের স্বার্থ-ত্যাগ এবং সহযোগীতার জন্য।

আমি খুবই কৃতজ্ঞ মেয়েদের কাছে, যারা আমাকে লিখতে সাহায্য করেছে। আমি কৃতজ্ঞ সেই মেয়েটির কাছে যে আমাকে বোনের মত ব্যবহার করেছে। সে আমাকে প্রতিটি ক্ষেত্রে সাহায্য করেছে এবং আমার চিন্তা-ভাবনাকে সাহিত্যে রূপান্তরিত করতে সাহায্য করেছে। আমিও সেইসব লোকেদের ধন্যবাদ দিতে চাই যারা আমার লেখার সমালোচনা করে আমাকে উৎসাহিত করবে এবং প্রকৃতপক্ষে আমার ব্যক্তিত্ব বৃদ্ধি পাবে তাদের সমালোচনার মাধ্যমে।

আমি খুবই খুশি হবো যদি আমার এই বই আপনাদের যেকোনো ভাবে কাজে লাগে। যদি সেটা ঘটে, আমি জানব আমি আমার লক্ষ্যে পৌঁছেছি।

সুরেন্দ্র ডোগরা, 'নির্দোষ'

একজন ভালো বক্তা হওয়া সহজ উপায়

পৃথিবীতে অনেক মানুষ ও নেতা আছেন যারা বিখ্যাত হয়েছেন, কারণ তারা জ্ঞানী ও ভালো বক্তা। আজও পণ্ডিত জওহরলাল নেহেরু, উইংসটন চার্চিল ও জন কেনেডির বক্তব্য স্মরণ করা হয় তাদের সফলতার কারণ হিসাবে। একজন সফল বক্তা শুধুমাত্র তাদের নিজেদের বক্তব্যই প্রতিষ্ঠিত করেন না, বরং তারা অন্যদের তাদের পেশাতে আসার জন্য অনুপ্রাণিত করে। আমি আমার জীবনে সফলতা পেতে অনেক ভুল ও সমস্যার সম্মুখিন হয়েছি। আমার এই বই লেখার উদ্দেশ্য হল এই—আমি চাই না আপনারাও সেই ভুলের শিকার হ'ন। প্রকৃতপক্ষে, আমি চাই না কেউ সেই একই ভুল করুক, যা আমি করেছি। আমি মনে করি যে কলাকৌশল এই বইয়ে আছে যা আপনাদের সময় বাঁচাবে এবং আপনাদের সঠিক পথে চলতে সাহায্য করবে যাতে আপনি একজন সফল বক্তা হয়ে উঠতে পারেন। যাইহোক, আপনাদের সফল বক্তা হওয়ার প্রাথমিক শিক্ষার পদক্ষেপ পরিবেশন করার আগে আমি আপনাদের ধন্যবাদ জ্ঞাপন করতে চাই আমার এই বইটি নির্বাচন করার জন্য। যা আপনাকে সফল করে তুলবে এবং একটি বিশেষ বিষয়ের শুভারম্ভ নিয়ে আসবে। যেখানে বলা হয়েছে—"ভাল শুরুতে অর্ধেক কাজ সম্পন্ন"। যা প্রতিপন্ন করে যে—"একটি শুভারম্ভ মানেই তোমার অর্ধেক কাজ শেষ।"

আপনি যদি এই বইটি থেকে সবচেয়ে বেশি লাভ পেতে চান তবে আপনি নিশ্চয় বিশ্বাস করবেন আমি আপনার জন্যই বইটি লিখেছি। ভুলে যান অনেকে এই বই

পড়েছে কিন্তু এই বই একমাত্র আপনার জন্যই লেখা। যখন আমি বলেছি আমি 'আপনার' জন্যই লিখেছি, যখন আমি 'আপনি' শব্দটি ব্যবহার করছি, এটা আপনার দিকেই নির্দেশ করছে, শুধুমাত্র আপনার দিকেই। সেই একমাত্র আপনি যে বইটি এই সময় পড়ছেন। আপনি দেখবেন কিছু লোক খুব ফলপ্রসুভাবে ও বিশ্বাসের সঙ্গে কথা বলেন। হয়ত তারা বন্ধুদের সাথে, কিংবা বাসের বা ট্রেনের যাত্রীদের সঙ্গে। কিন্তু আপনি আমাদের সত্যি করে বলুন তারা (বেশীরভাগ) যখন দর্শকদের সামনে কিছু বক্তব্য পেশ করতে যান তাদের গলার স্বর, পা এবং হাত কাঁপতে থাকে। যখন আকাশবানী রেডিওতে কাজ করতাম, তখন একজন মহিলাকে দেখেছিলাম যে বিরামহীনভাবে কথা বলে যেতে পারতেন। আমি যখন সেগুলি রেকর্ড করতে চাইতাম এবং সেগুলি মাইক্রোফেনের সামনে আনতে চেষ্টা করতাম তখন তার মুখ থেকে ভাষা একেবারে হারিয়ে যেতো। ভাবতে পারছেন কেন লোকেরা ভিড়ের সামনে বক্তব্য রাখতে পারেন না। আপনি নিচের কারণগুলি দেখুন—

প্রথম কারণ—আপনি ভাবছেন যে আপনি ভালো বক্তার মতো কথা বলতে পারেন না।

দ্বিতীয়তঃ—হতে পারে আপনার গলার স্বর ঘরে বসে থাকা প্রত্যেকের কাছে পৌঁছতে নাও পারে।

তৃতীয়তঃ—আপনি ভাবছেন আপনার চিন্তা-ভাবনা অন্যের চিন্তা-ভাবনার থেকে নিম্নমানের, তাই তারা আপনার দৃষ্টিভঙ্গিতে হাসাহাসি করতে পারে।

আত্মবিশ্বাসী হউন, আপনার বিশ্বাস করা প্রয়োজন যে আপনি ভালো, আকর্ষণীয় ও সংযত বক্তব্য পেশ করতে পারেন। কিন্তু একই সময়ে মনে রাখতে হবে যে সত্যের সাথে অনুভব করতে হবে এখনও আপনার অংশে অনেক উন্নতির প্রয়োজন। আপনি যদি আমার বইতে লেখা এই সমস্ত কলাকৌশল গ্রহণ করতে পারেন তবে আমি নিশ্চিত যে আপনি একজন ভালো বক্তা হয়ে উঠতে পারবেন। তাই আপনি দর্শকদের সামনে সুসংযত বক্তব্য রাখতে ভয় পাবেন না। আপনার একটা ছোট ভয় থাকতে পারে কিন্তু আমাকে বিশ্বাস করুন একটা ছোট ভয়েরও প্রয়োজন চূড়ান্ত সাফল্য পাওয়ার জন্য। যাইহোক, আপনি ইচ্ছা করলে এগুলি থেকে মুক্তি পেতে পারেন।

আমরা আমাদের জ্ঞানবুদ্ধিকে আমাদের অভিজ্ঞতা অনুযায়ী উন্নত করি। কিন্তু আমরা সাধারণতঃ জানার চেষ্টা করি না জিনিসের মূল বিষয়বস্তুকে। আমি এখানে

একটা উদাহরণ দিই আপনার বোঝার জন্য—আমার এক বন্ধু খুব ভালো স্কিয়িংয়ের খেলোয়াড় ছিল। সে অনেক জাতীয় স্তরের খেলাতে অংশ গ্রহণ করেছিল এবং 1999 তে সে কোরিয়া যায় ভারতের প্রতিনিধি হয়ে। তাকে প্রতিদিন অনুশীলন করতে দেখা যেতো না, কিন্তু এটা কীভাবে হলো? আমি একটা আশ্চর্যের বিষয় লক্ষ্য করলাম সে সবসময় অন্যান্যদের সঙ্গে প্রতিযোগিতা করত এবং সবসময় তাদের হারিয়ে দিত। যখন তাকে আমি এর কারণ জিজ্ঞাসা করলাম তার শিক্ষকদের আড়ালে সে বলল, আপনার যদি মূল বিষয়ে জ্ঞান থাকে তবে সেক্ষেত্রে আপনি কখনও ভুল খেলবেন না যতক্ষণ না আপনি ক্ষান্ত হচ্ছেন বা নিজেকে তুলে নিচ্ছেন।

ভালো বক্তা হওয়ার ক্ষেত্রেও সেই একই নিয়ম প্রযোজ্য। যখনই আপনি একটা ভালো বক্তব্য পেশ করতে চলেছেন তখন আপনি কখনই কোনো খারাপ বক্তব্য পেশ করতে পারবেন না কিংবা কোনো ভুল বক্তব্যও রাখতে পারবেন না। কিন্তু এটা ভাবার কারণ নেই যে এটা খুবই সহজ ব্যাপার। এটা কঠিন কাজ কিন্তু করা সম্ভব। মানুষের বিভিন্ন দিকে ভালো বক্তা হওয়ার সুযোগ থাকে। প্রতিটি শিক্ষক/শিক্ষিকা চান তাদের ছাত্র-ছাত্রীরা ভালো বক্তা হোক কিন্তু সকলেতো আব্রাহাম লিঙ্কন নয়, সাধারণত সকলে হয়তো আব্রাহাম লিঙ্কন হতে চায়ও না। কিন্তু বক্তারা আমি খুব খোলাখুলিভাবে বলছি—প্রতিযোগিতামূলক বক্তব্য রাখতে শেখা খুবই জরুরী। আজকের এই অত্যাধুনিক ও প্রতিযোগিতামূলক পৃথিবীতে ভালো বক্তব্য রাখা খুবই গুরুত্বপূর্ণ। আপনি আপনার প্রতিটি পদক্ষেপ সুসংযত ও ব্যবহারিক বক্তব্যের প্রয়োজনীয়তা অনুভব করবেন। আপনি যদি আপনার নিজের জন্য কিছু করতে চান তবে আপনার আত্ম-বিশ্বাস বাড়ান, দর্শকদের আকৃষ্ট করুন এবং পৃথিবীতে আপনার সত্তা বজায় রাখার চেষ্টা করুন। আপনার নিশ্চয়ই ভালো বক্তব্য পেশ করার জন্য শিক্ষার প্রয়োজন আছে এবং সেটা খুবই উপযুক্ত ও সহজ উপায় আপনার জন্য, যদি আপনি আপনার জীবনের প্রথম ধাপেই এই কলা-কৌশল শিখে নিতে পারেন। সুতরাং তৈরি হয়ে নিন জীবনের সম্মুখীন হয়ে আপনি এই বই পড়ে যে কলা-কৌশল শিখলেন তা হাতে কলমে কার্যকরী করতে।

একটি নূতন উপায় :

যখন আমি এই বইটি লিখছি তখন আমি একটা নূতন পদ্ধতি শিখেছি। তাই যাতে আপনারা এই বইটির কোনো অংশ পড়তে গিয়ে বিরক্ত বোধ না করেন।

আপনারা বুঝতে পারেন আমি বইটি বিভিন্ন উদাহরণ, হাস্যরসপূর্ণ গল্প বা মহান লেখকদের উদ্ধৃতিতে পূর্ণ করিনি। যাইহোক, পাতাভর্তি করার জন্য এগুলি খুবই ভালো কিন্তু আমার উদ্দেশ্য শুধু একটা বই লেখা নয় আমি আপনার মধ্যে পরিবর্তন আনতে চাই। আমার লক্ষ্য আপনার মধ্যে ভালো বক্তা হওয়ার আবেগ বেরিয়ে আসুক।

আপনি কিছু লোকদের রাস্তাঘাটে যেতে আসতে বলতে শুনবেন যে মহান ব্যক্তিদের বায়োগ্রাফি পড়ো এবং তাদের পদক্ষেপ অনুসরণ করো এবং সফল হও। কিন্তু আমি সেটা বিশ্বাস করিনা। আমি মনে করি অন্যের অনুসরণ করার চেয়ে আপনি আপনার সুন্দর, নিজস্ব পথে চলে কিছু করার চেষ্টা করুন। সেখানে সম্ভাবনা আছে যদি আপনি তথাকথিত 'মহান' অর্থে কিছু করতে না পারেন বা কালিদাস, কবির বা সেক্সপিয়ারের মতো কবিতা না লিখতেও পারেন, কিন্তু একটা বিষয় নিশ্চিত আপনি একজন 'ভালো' কবি বা স্নাতক হতে পারেন যদি একাগ্রতার সাথে, কঠিন পরিশ্রমের সাথে চেষ্টা করেন। একইভাবে, যে আপনি একজন ভালো বক্তাও হতে পারেন এই বইটি পড়ার পরে। সেক্ষেত্রে ক্ষতির কি আছে? ভালো বক্তা হওয়ার কলা-কৌশল আয়ত্ত করার পর আপনার সামনে উন্নতির দরজা খুলে যাবে প্রবেশের জন্য। একসময় আমরা আমাদের ছাত্র-ছাত্রীদের মহান ব্যক্তিত্বের আত্ম-জীবনী পড়ার জন্য জোর করতাম। কিন্তু সেগুলি কোনো ফল দেয়না, বা কাজে লাগেনা। আমরা এর থেকে কোনো ভালো ফল পাইনা কারণ আমরা সেগুলি তাদের 'জোর' করে পড়তে বাধ্য করি। কিছু সময় পরে তারা এতে আগ্রহ হারিয়ে ফেলে। একইভাবে, আমরা কোনো বিষয়ে লক্ষ্যে পৌঁছতে পারিনা কারণ আমরা তাদের আগ্রহী করে তুলতে পারিনা।

জন্মগতভাবে কেউ বক্তা হন না :

আমি একটা পরিদের গল্পে পড়েছি, একজন পরি একটি শিশুকে একাট জাদু-দণ্ড দিয়েছিল। তারপর থেকে কোনো অশুভ শক্তি তার সমস্ত জীবনে কোনোদিন ক্ষতি করতে পারেনি। আমি কখনো দেখিনি এরকম কোনো পরি একটি নবজাত শিশুকে এরকম ক্ষমতা দিয়েছে যাতে সে একজন ভালো বক্তা হয়ে উঠতে পারে। একমাত্র তখনই আমি বিশ্বাস করব যখন আমি দেখব সে জন্মগতভাবেই ভালো বক্তা হওয়ার গুণ নিয়ে জন্মেছে।

আমরা আমাদের জীবনে অনেক ভালো বক্তাদের সান্নিধ্যে এসেছি। কিন্তু তার মানে এই নয় যে তারা একদম প্রথম থেকেই ভালো বক্তা ছিলেন। হতে পারে তারা তাদের বক্তব্য রাখতে অতীতে খুবই পরিশ্রম করেছে এবং অনেকবার অকৃতকার্যও হয়েছে। কিন্তু তারা কখনও আশা ছাড়েনি। তারা আবার নতুন করে শুরু করেছে এবং কখনও পিছনে ফিরে তাকায়নি। তারা নিজেদের তৈরী করতে অনেক সময় নিয়েছে ঠিকই কিন্তু ধীরে ধীরে একজন ফলদায়ী ও সফল বক্তা হয়ে উঠেছে।

আমার যখন ১১ বছর বয়স তখন আমি প্রথম বক্তব্য রাখি আমার স্কুলে। আমাকে বক্তব্য রাখার জন্য একটা ভালো বিষয় দেওয়া হয়েছিল। আমার ভাষা ছিল সহজ এবং সরল এবং বক্তব্য পেশ করার উপায় সঠিক ছিল। আমি খুব খুশি হয়েছিলাম কারণ আমি ফার্স্ট প্রাইজ পেয়েছিলাম। কিন্তু আমার শিক্ষক লক্ষ্য করেছিলেন বক্তব্য রাখার সময় আমার পা কাঁপছিল। তারপর আমি যতদিন স্কুলে ছিলাম আমার শিক্ষক আমাকে আরও উন্নত হতে উৎসাহিত করেছেন, আমি নিশ্চিতভাবে বলতে পারি যতক্ষণ না আমি সেই প্রতিযোগিতায় জয়ী হয়েছি। আমার শিক্ষক আমাকে একটা 'মন্ত্র' দিয়েছিলেন, যা আজ আমি আপনাদের দিচ্ছি। আমার শিক্ষক আমাকে বলেছিলেন, 'তুমি যখন কোনো বক্তব্য পেশ করবে তখন ভাববে, যারা ঘরের মধ্যে বসে আছে তারা বোকা এবং তুমিই একমাত্র জ্ঞানী ব্যক্তি। সেটাই তোমাকে দ্বিধাহীনভাবে বক্তব্য রাখতে সাহায্য করবে। এই মন্ত্র আমাকে অনেক আত্মবিশ্বাস এনে দিয়েছে এবং অনেক বার তার ফল পেয়েছি।

কোনো মানুষের সামান্যতম শব্দজ্ঞান থাকলে সে একজন ভালো বক্তা হয়ে উঠতে পারেন। শুধু তার প্রয়োজন কিছু শেখার ইচ্ছা। আমি এমন অনেক মানুষ দেখেছি যাদের কিছু বলার সময় গলার স্বর খণ্ড খণ্ড হয়ে কেঁপে যায়। তারা স্বীকার করেছে তারা জন্মগতভাবে বক্তা নয় এবং তাদের কোনো পুঁথিগত ভালো শব্দ তালিকা নেই। কিন্তু ভালো বক্তা হওয়ার কলা-কৌশল তাদের শিখিয়েছে কীভাবে একজন ভালো বক্তা হওয়া যায়। এমনকি আমার গলার স্বরও কাঁপত কিন্তু আমার বড়ো ভাই, যে একজন হিন্দি ভাষার বক্তা ছিলেন যিনি আকাশবানিতে ছিলেন, সে আমাকে এই মন্ত্র দেন। সেই মন্ত্রটি হল—'ওম'। যদি আপনার মনে হয় আপনার গলার স্বর সরু এবং কথা বলতে গিয়ে কাঁপতে থাকে তাহলে খুব ভোরবেলায় 'ওম' শব্দটি উচ্চারণ করুন। আপনি শিরদাঁড়া সোজা করে বসুন এবং শ্বাস বন্ধ করুন এবং

আস্তে আস্তে নিঃশ্বাস ছাড়ুন 'ওম' উচ্চারণ করতে করতে। কিছুদিন পরেই আপনি আপনার গলার স্বরে পরিবর্তন লক্ষ্য করবেন। আপনি অনুভব করবেন আপনি অনেকবেশি উন্নত ও ফলপ্রসু গলার স্বর লাভ করেছেন। আপনি আরও অনুভব করবেন আপনার ভিতরে আত্মবিশ্বাস গড়ে উঠেছে এবং আপনি অনেক পরিশ্রমের ফলে একজন সফল বক্তা হয়ে উঠতে সক্ষম হয়েছেন। এটা অতি অবশ্যই মনে রাখা প্রয়োজন যে কেউ জন্মগতভাবে বক্তা হয়না। প্রত্যেকে নিজেদের মধ্যে প্রয়োজনীয় সরঞ্জাম পোষণ করে নিজেদের সম্পূর্ণ করে তোলার জন্য।

দৃঢ় প্রতিজ্ঞ হওয়াটাই মুখ্য উদ্দেশ্য :

এখন পাঠ করবেন পৃথিবীর সবথেকে সাধারণ ঘটনা যেগুলি ঘটে থাকে।

একজন উচ্চ শিক্ষিত ও দেখতে সুন্দর ছেলে। সে তার সহপাঠীদের মধ্যে একজনকে ভালোবাসতে শুরু করে কিন্তু তাকে বলতে সক্ষম হয়নি যে সে তাকে ভালোবাসে। তারপর ভাবতে লাগল কীভাবে সে মেয়েটিকে বলবে তাকে ভালোবাসে। একটি সুন্দর দিনে সে মেয়েটিকে বলতে চেষ্টা করল কিন্তু সে এত থতমত খেতে লাগল যে সে একটা শব্দও ঠিকমতো বলতে পারল না। মেয়েটি তাকে বিদ্রুপ করে চলে গেল। ছেলেটি সাংঘাতিক অপমানিতবোধ করল এবং কলেজ পরিত্যাগ করতে বাধ্য হল।

এটা সাধারণত লোকেদের সঙ্গো ঘটে থাকে। এর পিছনে কারণ একাগ্রতার বা স্থিরতার অভাব। এটা কোন মূল্য রাখে না আপনার লেখা বক্তব্য কতটা ভালো এবং নিখুঁত। কিন্তু আপনি কৃতকার্য হতে পারবেন না যতক্ষণ না সেটা আপনি উদ্দেশিত লোকের প্রতি সঠিক সময়ে পাকাপোক্ত একাগ্রতার সঙ্গো স্থাপন করতে পারছেন।

একসময়, উইনসন চার্চিল একটা বক্তব্য রেখেছিলেন। তিনি লিখেছিলেন এবং স্মৃতিশক্তিতে সম্পূর্ণভাবে রেখেছিলেন এবং তার জন্য তৈরীও হয়েছিলেন। কিন্তু তিনি যখন পার্লামেন্টে বক্তব্য রাখতে গেলেন সবই ভুলে গেলেন। তিনি ঘামছিলেন এবং একেবারে স্তম্ভিত হয়ে গিয়েছিলেন।

এইরকম অসহায় অবস্থায় দাঁড়িয়ে তিনি একটা লাইন বার বার বলতে লাগলেন। তিনি তাড়াতাড়ি পিছনের আসনে বসে পড়লেন। তখন তার সবকিছু আবার মনে

পড়ে গেল। এই ঘটনার পর তিনি আর কোনদিন তার বক্তব্য মাথায় গেঁথে নিতেন না।

এই গল্পটার মূলকথা হল—যদি আমরা তোতাপাখির মতো আমাদের বক্তব্যের প্রতিটি লাইন মুখস্থ করে যায় তবে সেখানে একটা বিশাল সম্ভাবনা থাকে ঠিক সময়ে দর্শকদের সামনে পেশ করার সময় ভুলে যাওয়ার। তারপর যখন আবার সেগুলি মনে করে বলার চেষ্টা করি তখন আমরা দর্শকদের চোখ থেকে সরে যায়। যার ফলে দর্শকরা আপনার বক্তব্যের প্রতি আগ্রহ হারিয়ে ফেলে। আব্রাহাম লিঙ্কন বলেছেন—"একজন ভালো বক্তা সেই হয়, যে বক্তব্য রাখার সময় তার হাত দুটিকে ঠিকমতো কাজে লাগায়।"

আপনার দৃষ্টিভঙ্গি, ব্যবহার সঠিকভাবে পরিবেশন করতে পারাটাই আপনার জীবনে সফল হতে সাহায্য করবে। একজন বাক্‌পটু ব্যক্তিই সব জায়গায় স্বাগত হয়।

ভাবাবেগ এই আশ্চর্য প্রদীপের কাজ করে :

আমি দেখেছি এখন পর্যন্ত আপনারা আপনাদের ভাবাবেগকে উন্নত করেছেন কিছু নূতন শেখার পর। কিন্তু সেটা খুব সুন্দরভাবে পরিবেশন করার পক্ষে যুক্তিসঙ্গাত নয়। আপনার সঠিক বাক্য-রীতি ও অঙ্গাভঙ্গি আপনার অভিজ্ঞতার সাথে দর্শকদের সামনে আপনাকে অনেকবেশি আকর্ষণীয় করে তুলবে। কিন্তু এটাও ঠিক যে এর জন্য আপনাকে অনেকবেশি কঠিন পরিশ্রম করতে হবে। যদি আপনার মধ্যে 'Passion' থাকে তাহলে আপনি এই বইটির এই অংশ পড়ার পর ধীরে ধীরে উন্নত হয়ে উঠবেন। বন্ধু আমাকে বলুন আপনি এই বইতে দেওয়া কলা-কৌশল বুঝতে পারছেন কিনা এবং আপনি তার সম্পূর্ণ সুযোগ নিতে পারছেন কিনা।

আপনি হয়ত শুনে থাকবেন, সেখানে একটা 'সফলতার সিঁড়ি' আছে, কিন্তু আমি বিশ্বাস করি সেটা সফলতার সিঁড়ি নয়, কিন্তু একটি তৃণাচ্ছাদিত পোল। সেখান থেকে আপনি অনেকবার পড়ে যেতে পারেন কিন্তু আপনি যদি একবার সফলতা পান তবে আপনার আত্মবিশ্বাস বেড়ে যাবে, এবং ভাবাবেগ সেটা পেতে সাহায্য করে। এখন আমি আশা করি আরো বেশি শেখার জন্য ভাবাবেগান্বিত হওয়া প্রয়োজন।

আপনি এটা অনুভব করতে পারছেন এই বইটি শুধু একজন ভালো বক্তা হতেই সাহায্য করবেনা, অন্যান্য অনেক ক্ষেত্রেই উপকার দেবে।—

১. আত্ম-অহংকার ও দ্বিধাবোধ যা আপনার মধ্যে ছিল তা অদৃশ্য হয়ে গেছে।

২. আপনি সক্ষম হয়েছেন আপনার দৃষ্টিভঙ্গি অন্যের সামনে ভালোভাবে উপস্থাপন করতে।

৩. এটা আপনার আয় বৃদ্ধি করতেও সাহায্য করবে। উদাহরণ স্বরূপ—অনেকের অনেক ব্যাপারে আইডিয়া থাকে কিন্তু তাকে সকলের সামনে তুলে ধরতে পারেনা।

৪. এটা আপনার বন্ধু সংখ্যাকে বাড়াবে কারণ মানুষ সবসময় এ ধরনের লোকেদের পছন্দ করে যারা বিভিন্ন বিষয়ে সুন্দরভাবে গুছিয়ে আকর্ষক ও সভ্যতার সঙ্গে কথা বলতে পারে।

এটা একটা সহজ কাজ :

আমি আগেই আপনাদের বলেছি যদি আপনাদের মধ্যে 'Passion' থাকে তবে কোনো কিছু করাটা আপনাদের কাছে দূরূহ নয়।

আর একটি অত্যাবশ্যক কথা হল এই যে—আমি এমন অনেক বক্তাদের দেখেছি যারা খুব সুন্দর ও সুসংযতভাবে তাদের বক্তব্য পেশ করেছেন, তাদের উচ্চারণও সঠিক ও সুন্দর কিন্তু তারা অকৃতকার্য হয়েছেন কারণ তারা তাদের দৃষ্টিভঙ্গি শ্রোতার সামনে সঠিক উপায়ে তুলে ধরতে পারেন নি। এটা জানা খুব অত্যাবশ্যক যে দর্শকরা বক্তার কাছ থেকে কি শুনতে চাইছেন। একজন সফল বক্তার তার দর্শকদের আগ্রহী করে তোলার ক্ষমতা থাকে। তার নিশ্চয় জানা উচিত কিভাবে শ্রোতাদের সহানুভূতি লাভ করবে এবং তার শ্রোতাদের আনন্দ দান করবে।

ভয় হল সফলতার শত্রু

অনেক মানুষই ভিড়ের সামনে কথা বলতে গিয়ে কাঁপতে থাকে। যাই হোক, ছোট একটা ভয় থাকাও খারাপ নয়। সব ব্যাপারে উদ্বেগ থাকাও জরুরী, তা না হলে আপনি কোনোদিন সফল হবেন না। উদ্বিগ্নতা যদি ভিতরে ধরে রাখতে পারেন, একজন বক্তাকে সাহায্য করতে পারে কিন্তু ক্ষতিও করতে পারে যদি সে তার ভিতরে ভয়টাকে ধরে না রাখতে পারে।

আপনার শ্রোতারা আপনার ভয় এবং উদ্বেগ আপনার মধ্যে দেখতে পাবেন। আপনার ঘাড় এবং কাঁধ-ঝুঁকে আছে, আপনার পা হয়ত কাঁপছে, আপনার হৃদস্পন্দন হয়ত বেড়ে গেছে, হয়ত নিঃশ্বাস নিতে কষ্ট হচ্ছে। কিন্তু একটা কথা মনে রাখবেন সমস্ত বক্তারা যখন তাদের বক্তব্য পেশ করেন তখন তারা সচেতন থাকেন।

এটাই সেই ভয়, যেটা আপনাকে বক্তা হয়ে উঠতে সঞ্জীবিত করবে। বক্তা তার বক্তব্য পেশ করার পর এক আত্মপ্রসাদ লাভ করবে, সেটাই তার সফলতা। শ্রোতাদের কাছ থেকে উৎসাহ ও উদ্দীপনা পাওয়ার পর বক্তা তার পথের সমস্ত বাধাকে অতিক্রম করার সাহস পায়। এই বইটি থেকে আপনি ভয় থেকে মুক্ত হওয়ার অত্যাবশ্যক কলাকৌশল জানতে পারবেন।

গভীর নিঃশ্বাস-প্রশ্বাসের প্রয়োজনীয়তা :

আপনি শুনে থাকবেন গভীরভাবে নিঃশ্বাস নেওয়াটা মানুষকে অস্থিরতা থেকে

রক্ষা করে, অনেক বেশী অক্সিজেন আপনার লাংসে ঢোকে এবং আপনি অস্থিরতা থেকে রেহাই পান।

সাধারণত এটা একটা ভালো উপায়। অনেক ক্ষেত্রে অস্থিরতা থেকে মুক্তিও দেয় কিন্তু এটা সবসময় আপনাকে সাহায্য করবে না।

সুতরাং, একজন ভালো বক্তা তার বক্তব্য পেশ করার আগে গভীরভাবে নিঃশ্বাস প্রশ্বাস নেওয়ার কাজটা না করাই ভালো, কারণ তারা তাদের কথার মধ্যে সামঞ্জস্য রাখতে পারবেনা। যাইহোক, এটা সাহায্যকারী হতে পারে তারা যদি বক্তব্য রাখার আগে আধঘণ্টা এই এক্সসারসাইজ করেন। একটা কথা মনে রাখবেন, আমরা কথা বলা শুরু করি মাইক্রোফোনের সামনে।

জ্ঞানের শক্তি :

আমরা যে বক্তব্য পেশ করতে যাচ্ছি তার সম্বন্ধে সবরকমের জ্ঞান আমাদের থাকা উচিত। আপনি আপনার পরিবেশিত বক্তব্যকে উন্নত ও আগ্রহমূলক করে তুলতে পারেন এবং স্বচ্ছন্দভাবে বক্তব্য পরিবেশন করতে পারেন কিন্তু সেটা আপনার ভয় বা অস্থিরতাকে কাটাতে পারবে না যদি আপনার সেই বিষয়ের উপর কোনো জ্ঞান না থাকে।

একজন ভালো বক্তা অস্বচ্ছন্দভাবে এবং কোনো উদ্বেগ ছাড়াই বলে যেতে পারেন কিন্তু সেই মুহূর্তে সে আত্ম-সচেতন হয়ে পড়ে তার সেই বিষয়ে জ্ঞানের ঘাটতির জন্য।

বিষয়টাকে ভালোভাবে বুঝতে চেষ্টা করাটা যারা অবজ্ঞা করেন, তারা বক্তব্যটাকে মুখস্থ করার চেষ্টা করেন।

এই ব্যাপারটা ঘটে তাদেরই যারা বিষয়টাকে না বুঝে মুখস্থ করে সঠিক উপায় বা জ্ঞান ছাড়াই। তাদের জন্য সমস্যা সৃষ্টি হয় যারা বক্তব্যের কয়েক লাইন বক্তব্য পেশ করার সময় ভুলে যায়। তারা তাদের আত্মবিশ্বাস হারিয়ে ফেলে এবং শ্রোতাদের কাছেও অর্থহীন বক্তব্য রাখার জন্য খেলো হয়ে যান। শ্রোতারা তার প্রতি আকর্ষণ

হারিয়ে ফেলে। তাই সব সময় তৈরি থাকুন পাঁচটা প্রশ্নের উত্তর দিতে। কী, কখন, কোথায়, কেন, কি এবং কত? যদি আপনি এগুলির সন্তুষ্টজনক উত্তর দিতে পারেন তবে বন্ধু আমি বলছি আপনি কখনও ভুল করবেন না।

একজন বক্তা বক্তব্য পেশ করার সময় তিন ধরনের ভয়ের সম্মুখীন হন।

১. অকৃতকার্য হওয়ার ভয়।

২. দর্শকদের সামনে বোকা হওয়ার ভয়।

৩. বক্তব্য ভুলে যাওয়ার ভয়।

আপনি আপনার অকৃতকার্যতার ভয়কে সঙ্কুচিত করতে পারেন ভালো বক্তব্য তৈরি করে। বোকা দেখানোর জন্যও দুটো কারণ থাকে।—জ্ঞানের অভাব ও বলাটা অভ্যাস না করা। প্রত্যেকেই বক্তব্য ভুলে যাওয়ার ভয় পোষণ করেন। এমনকি সুদক্ষ বক্তারাও শুরুতে অস্থিরতা অনুভব করতেন, কিন্তু আস্তে আস্তে সেটা চলে যায়। সুতরাং, এটা স্বাভাবিক শুরুতে বক্তব্য ভুলে যাওয়াটা।

বিখ্যাত লেখক এবং মহান বক্তা বার্নাড'শ বলেছেন, "I have become a successfull speaker, just as a person becomes a good skater." একজন স্কেটার তার শিক্ষাকালীন বারবার পড়ে যেতে পারে কিন্তু সঙ্গে সঙ্গে উঠে পড়ে এবং স্কেটিং করে। সে কঠিন পরিশ্রম করে এবং একজন ভালো স্কেটার হয়ে ওঠে। সেইভাবেই, একজন মানুষও কঠিন পরিশ্রমের দ্বারা একজন দক্ষ বক্তা হয়ে উঠতে পারেন।

আপনি আপনার উদ্বেগকে রোধ করতে পারেন—নীচে দেওয়া কয়েকটি কলা-কৌশল থেকে।

১. আপনি যে বিষয়ে বক্তৃতা দিতে যাচ্ছেন তার উপর একটি Note তৈরী করুন।

২. আপনি যদি ভীড়ের সামনে সচেতন থাকতে চান তবে আপনি একজন লোকের উপর দৃষ্টি আবদ্ধ রাখুন এবং এমনভাবে করুন যে আপনি একমাত্র তার সাথেই কথা বলছেন।

৩. যদি আপনি আপনার বক্তব্য ভুলে যান এবং আপনার নোটস্ ঠিক নেই তাহলে

বক্তব্যের আসল পয়েন্টগুলি বারবার বলতে থাকুন। এটা করার পর আপনার নিশ্চয় ভুলে যাওয়া অংশ মনে পড়বে এবং আপনি আবার শুরু করতে পারবেন।

আমরা কি শিখলাম :

আমরা অনুভব করি দুটি জিনিস একজন বক্তার উদ্বেগ দূর করতে পারে।

তাদের মধ্যে একটা—শেখা খুব সহজ এবং সেটা খুব শীঘ্র সাহায্য করে। দ্বিতীয় কৌশল আপনার উদ্বেগকে সর্বদার জন্য বিনষ্ট করতে পারে। কিন্তু তা শিখতে কয়েকমাস লেগে যেতে পারে। প্রথমে আমি ভাবতাম যে যদি কোনো বক্তা একটা ছোট ভুল করে তবে তার সমস্ত বক্তব্যের মধ্যে তেজস্বিতা কমে যাবে, কারণ তার উদ্বেগ সৃষ্টি হয়ে যায়। কিন্তু আমার ধারণা ভুল, আমরা পুরোপুরি ভুলকে ত্যাগ করতে পারি না। কারণ একজন ভালো বক্তাও ভুল করতে পারে। সুতরাং আমরা সেটাকে বেশী গুরুত্ব দেবনা।

অনেকে তাদের বক্তব্য সুন্দরভাবে লিখে ফেলেন এবং মুখস্থ করে নেন। তারা তাদের বক্তব্য তাদের বন্ধু বা চেনাজানা লোকেদের সামনে অনায়াসে বলতে সক্ষম হয় কিন্তু যখন অচেনা লোকেদের সামনে বক্তব্য পেশ করে তখন ভুল করে ফেলেন। আপনি সেগুলি ভুলে যান, আপনি আপনার বন্ধুদের একত্র করুন এবং আপনার বক্তব্য তুলে ধরুন, ভাবুন আপনি আপনার বক্তব্যে অনেক ভুল করতে চলেছেন। কিন্তু তা সত্ত্বেও আপনি আপনার বক্তব্য সম্পূর্ণ করবেন। এটা দু'তিনবার করুন, আপনি অনুভব করবেন আপনি একটা ভালো ও উৎসাহমূলক বক্তব্য পেশ করতে সক্ষম হচ্ছেন। এটা প্রথম উপায় আপনার উদ্বেগ থেকে রেহাই পাওয়ার, কিন্তু সেটা দ্বিতীয় উপায়টি আয়ত্ত করতে আপনাকে অন্তত ছমাস অনুশীলন করতে হবে।

ভয় ও উদ্বেগ :

ভয় আমরা কিছু মুহূর্তের জন্য অনুভব করি এবং সেটা সহজেই সহ্য করা যেতে পারে। কোনো এক সময় হয়ত আপনার অভিজ্ঞতা হয়ে থাকবে। কিন্তু আমরা উদ্বেগপূর্ণ হয়ে উঠি কোনো কারণ ছাড়াই। একটা ছেলেকে চেয়ারের উপর বসে যদি

'Jack and Jill' কবিতাটি বলতে বলা হয় তবে সে অনায়াসেই আত্ম-বিশ্বাসের সঙ্গো বলবে হ্যাঁ পারব। কিন্তু যখন সেই ছেলেটিকে কোনো স্টেজে দাঁড়িয়ে কবিতাটি বলতে বলা হবে তখন সে উদ্বেগ প্রকাশ করবে। যখন তাকে পাঁচ থেকে সাত হাজার লোকের সামনে বলতে বলা হবে সে বলবে 'এটা কঠিন কাজ'। তার পা কাঁপবে কিংবা সে কবিতাটি ভুলে যাবে। কিন্তু প্রশ্ন হচ্ছে—'কেন'? আমি একজন মুম্বাইয়ের মনোবিজ্ঞানীকে জিজ্ঞাসা করেছিলাম। তিনি বলেছিলেন—যখন আমাদের সাথে অস্বাভাবিক কিছু ঘটে তখন আমাদের শরীরের কিছু মাসল্‌স শক্ত হয়ে ওঠে। সুতরাং, মানুষ যখন তার সামনে ভিড় দেখে তার পেশীসমূহ কঠিন হয়ে ওঠে। এই ভীতি মাথার ব্রেনে সঞ্চারিত হয়। ব্রেন মাস্‌লস্‌কে সঞ্চারিত করে, যা তাদের আবার কঠিন হয়ে উঠতে সাহায্য করে। কঠিন পেশী একটা বিষাক্ত তরল পদার্থ নিঃসরণ করে যা আমাদের ব্রেনে রক্তের দ্বারা সঞ্চারিত হয়। কিছু কিছু লোক স্টেজের উপর অনেক বেশী আত্ম-সচেতন হয়ে পড়ে ফলে তারা বক্তব্য ঠিকমতো বলতে পারে না।

আমরা আমাদের দৃষ্টিভঙ্গিকে অনায়াসে ব্যক্ত করতে পারি যদি আমাদের মাস্‌লস্‌কে উদ্বেগ থেকে মুক্ত করতে পারি। আপনি এটা বুঝতে পারলে আপনি আর কখনও উদ্বিগ্ন হবেন না। কিন্তু তারজন্য অনেক কঠিন পরিশ্রম করতে হবে।

কীভাবে উদ্বেগ-শূন্য হবেন :

আমাদের শরীরকে উদ্বেগ-শূন্য করতে পারলে আমরা অনেক সমস্যার সমাধান করতে পারব। মানুষ আজ নিজেদের উদ্বেগশূন্য রাখার জন্য অনেক কিছু করে। আমিও উদ্বেগ থেকে নিজেকে রক্ষা করার জন্য অনেক কলা-কৌশলের সাহায্য নিয়েছি। আমি বিশ্বাস করি যে এটা খুবই গুরুত্বপূর্ণ, আমাদের মনে একটা বিন্দু সৃষ্টি করে যখন কোনো চিন্তা থাকবে না সেটা ভাবা। তাতে কিছুটা উদ্বেগশূন্য হওয়া যায়। এই উপায় খুবই কার্যকরী কিন্তু বিপজ্জনক। আমি যখন ডঃ নারায়ণ দত্ত শ্রীমালী, 'Practical Hypnotism'-এর লেখককে বললাম, তিনি বললেন আমরা একজন গুরু ছাড়া এটা অভ্যাস করাই না। এটা খুব বিপজ্জনক হতে পারে। সুতরাং, আমরা মাথায় কোনো বিন্দু সৃষ্টি করতে চেষ্টা করিনা। কিন্তু একটা বিশেষ বস্তু বা বিষয়ের উপর

মনোনিবেশ করতে বলি। আমি আমার পড়াশোনা ও পরামর্শ দেওয়ার সময় অনেক ডাক্তারদেরও কাছ থেকে বিভিন্ন ধরনের উপদেশ লাভ করেছি কিন্তু সেগুলি ফলপ্রসু হয়নি। অবশেষে, আমি একটা ফলদায়ী কৌশল আবিষ্কার করেছি, সেটা খুবই সহজ।

একটা সহজ ও কার্যকরী কৌশল :

যদি উদ্বেগ-শূন্য হতে চান তবে, আপনি প্রতিদিন অনুশীলন না করেন তবে সেটা সম্ভব নয়। কিন্তু ডাক্তারও উপদেশ দেন প্রত্যেককে তার ডেইলি রুটিন থেকে বেরিয়ে আধঘণ্টা অন্তত নির্ভেজাল বিশ্রাম নিতে। কিন্তু এখানে বিশ্রাম মানে ঘুম নয়। একটা ভালোমত ঘুম দেওয়ার পরও মানুষের স্ট্রেস কমে না। একটা চেয়ারে বসুন এবং আপনার শরীরকে ছেড়ে দিন। সাধারণত দেখা যায় এইভাবে বসার পরও অনেকে অনেক কিছু বিষয়ে ভাবছে।

নিজেকে চিন্তা-শূন্য রাখার জন্য আপনি একটা অভ্যাস করতে পারেন। এটা খুব সহজ উপায়। আপনি আপনার জীবনের সামান্য সময় ব্যয় করে শিখতে পারেন।

অনেকে নিজেদের উদ্বেগ-শূন্য রাখার জন্য একটা নির্দিষ্ট জিনিসের প্রতি আকৃষ্ট থাকে। আপনিও প্রথমে সেটা করতে পারেন। কিন্তু আপনি ১ মিনিটে আপনার শরীরের প্রতিটি অংশের দিকে মনোনিবেশ করতে পারবেন না। আপনি আপনার শরীরের প্রতিটি অংশের উপর একে একে দৃষ্টি নিক্ষেপ করতে পারেন। আপনার সুবিধার জন্য আমি শরীরের প্রধান অঙ্গাগুলিকে আটভাগে ভাগ করেছি।

1. ডান বাহুর পেশীসমূহ।
2. বাম বাহুর পেশীসমূহ।
3. ডান পায়ের পেশীসমূহ।
4. বাম পায়ের পেশীসমূহ।
5. পাকস্থলীর পেশীসমূহ।
6. বুকের পেশীসমূহ।
7. পিছনের পেশীসমূহ।
8. মুখমণ্ডলের পেশীসমূহ।

আপনি অন্তত সাতদিন করে প্রতিটি অংশের উপর লক্ষ্য দেবেন।

প্রথম সপ্তাহ : প্রথম সপ্তাহে আপনার ডান হাতের পেশীসমূহের উপর নজর দিন। আপনি যদি নিজেকে বলেন যে আপনি স্ট্রেচ্ থেকে মুক্তি পেতে চান, তবে কখনই আপনি পেশীসমূহের প্রতি মনোনিবেশ করতে পারবেন না। সুতরাং, নিজের পেশীসমূহকে ছেড়ে দিন এবং তাদের সমস্ত উদ্বেগ থেকে সরিয়ে আনুন। আপনি বুঝতে পারবেন আপনার পেশীগুলি ধীরে ধীরে নরম হতে শুরু করেছে। আপনি এই অভ্যাসটা রাতে ঘুমোতে যাওয়ার আগে ভালোভাবে করতে পারেন। একবার যদি আপনার পেশীগুলি ছেড়ে দিতে শুরু করে তবে আপনি তাদের আর স্টিফ্ করতে পারবেন না যতক্ষণ না আবার স্ট্রেচ্ আসছে। এই ব্যায়ামটা অন্তত দিনে তিনবার করুন। আপনি যখন পেশীগুলিকে ছেড়ে দেবেন তখন আপনার বাহুর ওজন মাটিতে থাকবে। আপনি বুঝতে পারবেন আপনার বাহু আপনার শরীরের সঙ্গে লেগে নেই। এই ব্যায়াম আপনি দিনে একবার করে এক সপ্তাহ করবেন। একবার যখন দেখবেন আপনার বাহুর পেশীগুলি সহজ হয়ে গেছে তখন আপনি সেটা সব জায়গায় খুব সহজেই করতে পারবেন।

দ্বিতীয় সপ্তাহ : আপনার বাম বাহুর জন্য দ্বিতীয় সপ্তাহে একই ব্যায়াম করুন। ডান হাতের পেশী ও সমস্ত দেহের পেশীর ব্যাপার ভুলে যান। আপনি শুধু বাম বাহুর পেশীর উপর লক্ষ্য দিন। যখন বাম বাহুর পেশীগুলি ছেড়ে দেবে তখন বুঝতে পারবেন ডান বাহুর পেশীগুলি উদ্বেগ-শূন্য হয়ে গেছে।

তৃতীয় সপ্তাহ : এখন, আপনার বাঁ পায়ের পেশীগুলির জন্য ব্যায়াম করুন এবং আপনার বাহুর ব্যাপারে ভুলে যাবেন যতক্ষণ পায়ের পেশীর জন্য ব্যায়াম করছেন। আপনি মাটিতে সোজা হয়ে, আকাশের দিকে মুখ করে শুয়ে পড়ুন।

পঞ্চম সপ্তাহ : আপনি আপনার পাকস্থলীর পেশীগুলিকে উদ্বেগশূন্য করুন।

ষষ্ঠ সপ্তাহ : আপনার বুকের পেশীগুলিকে উদ্বেগশূন্য করতে ষষ্ঠ সপ্তাহ কাজে পাগান।

সপ্তম সপ্তাহ : এখন, চেষ্টা করুন আপনার পিছনের সমস্ত পেশীগুলিকে উদ্বেগ-শূন্য করতে।

অষ্টম সপ্তাহ : অষ্টম সপ্তাহটা আপনার সমস্ত মুখমণ্ডলের পেশীগুলিকে উদ্বেগশূন্য করার জন্য। আপনি যত এই উপায়গুলি অভ্যাস করবেন, ততই আপনি লাভবান হবেন।

ধৈর্য হারাবেন না :

এই অনুশীলনগুলি শিখতে আপনার ধৈর্য্যের প্রয়োজন। তাদের যথেষ্ট সময় দিন। যখনই আপনি বুঝতে পারবেন আপনার পেশীগুলি শিথিল হচ্ছে, আপনার সমস্ত উদ্বেগ আপনা থেকেই চলে যাবে। কিন্তু আপনাকে ফল পেতে গেলে এই নিয়মগুলি মেনে চলতে হবে।

কী কী মনে রাখতে হবে :

১. শরীরের যে কোনো একটিমাত্র অঙ্গের প্রতিই মনোনিবেশ করবেন।

২. প্রতিটি অঙ্গের জন্য অন্ততঃ এক সপ্তাহ দিন।

৩. চেষ্টা করুন দু-তিন মাসের মধ্যে আপনার সমস্ত শরীরকে উদ্বেগ-শূন্য করে তুলতে।

৪. উদ্বেগ-শূন্য হওয়ার জন্য সময় দিতে চেষ্টা করুন।

৫. যখন রোদের মধ্যে দিয়ে যাবেন সান্‌গ্লাস ব্যবহার করুন। এটা আপনার চোখ এবং মাথাকে যেকোনো উদ্বেগ থেকে রক্ষা করবে।

৬. যখন আপনি পেশীগুলি স্ট্রেইচ্ থেকে মুক্ত করবেন লক্ষ্য রাখবেন তখন যেন মুখে কোনো ভাঁজ না পড়ে। আর শক্ত করে চোখ বন্ধ করবেন না।

৭. এই ব্যায়ামটি দিনে দুবার কিংবা তিনবার করুন, এবং পরে সেটা অভ্যাসে পরিণত হয়ে যাবে।

যদি আপনি এই অধ্যায়ে দেওয়া উপায়গুলি ঠিকভাবে শেখেন, তবে নিশ্চিত যে ভয় এবং উদ্বেগ আপনার থেকে বহু দূরে পালিয়ে যাবে। আর আপনি অনেক বেশি

ভীড়েও ভাষণ দিতে দ্বিধাবোধ করবেন না। আপনি নিজে নিজেই উদ্বেগশূন্য হয়ে যাবেন। এই ব্যায়ামগুলি আপনাকে উদ্বেগ-শূন্য করে তুলবে যেটা আপনার মুখমণ্ডলে ফুটে উঠবে। সমস্ত সফল বক্তাদের মুখে এক উজ্জ্বলতা থাকে। এটা প্রমাণ করে আপনি আত্ম-বিশ্বাসী এবং আপনি ভালো বক্তব্য পরিবেশন করতে পারবেন। চেহারার ভাব শ্রোতাদের ওপর বিশেষ প্রভাব ফেলে। এইভাবে আপনার ভাষণ কখনও ভয়ের কারণে নষ্ট হবে না।

বিশ্বাসের যাদু

বিশ্বাস, প্রত্যয় ও আত্মবিশ্বাস হল শক্তি যা মানুষকে ভুল কিছু করতে দেয় না। একজন মানুষের যদি আত্মবিশ্বাস থাকে তবে সে সমস্ত সমস্যা থেকে উত্তীর্ণ হতে পারে। আপনার আত্মবিশ্বাস মুখে ফুটে উঠবে এবং আপনার মুখমণ্ডল উজ্জ্বল হয়ে থাকবে। আত্মবিশ্বাসের সঙ্গে আপনি যা কিছুই করবেন তাতে কৃতকার্য হবেন। তা না হলে আপনার চিন্তা-ভাবনা কেন্দ্রীভূত হবেনা। একটা নির্দিষ্ট সীমা পর্যন্ত আত্মবিশ্বাস থাকা একজন সফল বক্তা হওয়ার জন্য খুবই জরুরী।

ইমারসন বলেছেন পৃথিবীতে যত মানুষ ভয়ে মারা গেছে, তত যুদ্ধে নয়। আমি খুবই গর্বিত যে আমি একনিষ্ঠভাবে অসংখ্য মানুষকে তাদের দুশ্চিন্তামুক্ত হওয়ার ও আত্ম-বিশ্বাস বাড়াবার সামান্য সাহায্য করতে পেরেছি। আপনি আপনার জীবনের যেকোনো সমস্যার সম্মুখীন হতে পারেন যদি আপনার আত্ম-বিশ্বাস থাকে। একটা মৌমাছি একটু একটু করে মধু আহরণ করে। তারা কোথাও মধুর ভাণ্ডার পায় না। এটা সঞ্চিত হয় কঠিন পরিশ্রমের দ্বারা এবং আত্ম-বিশ্বাসের সাহায্যে। আপনি নিজের উপর বিশ্বাস রাখুন সবথেকে ভালো কিছু পরিবেশন করার জন্য। আপনার নিজস্ব ভাষা, জ্ঞান ও নিজের প্রতি সম্পূর্ণ বিশ্বাস রাখতে হবে যদি একজন সফল বক্তা হতে চান। একমাত্র তখন আমরা শ্রোতাদের সামনে সহজভাবে আমাদের দর্শন তুলে ধরতে পারব। আমরা আনন্দিত হবো যখন আমরা স্বচ্ছন্দভাবে ও আত্ম-বিশ্বাসের সঙ্গে আমাদের বক্তব্য রাখতে পারব। যা আমাদের মুখে প্রতিফলিত হবে। একটা

কেমিস্ট্রির থিয়োরি অনুযায়ী দুটি আলাদা জিনিস একত্রিত হয়ে এক অন্য ধরনের জিনিস তৈরি হয়, যেমন—হাইড্রোজেন ও অক্সিজেন একত্রিত হয়ে তৈরি করে জল (H_2O) সেইভাবে, আত্মবিশ্বাস এবং আনন্দ আমাদের মধ্যে জন্ম দেয় এক নূতন শক্তি। এই শক্তি বক্তাকে শ্রোতাদের সমস্ত আকর্ষণ পেতে সাহায্য করে। এই অধ্যায়ে, আমি আত্ম-বিশ্বাসের গতি কেন কমে যায় ও সেটা আবার বাড়িয়ে তোলার উপায় বলব।

মনে রাখবেন মঞ্চে যাবার ভয় একটা নিশ্চিত সীমা পর্যন্ত থাকলে সেটা সাহায্যকারী হয়। এই দুশ্চিন্তা আপনাকে আপনার জীবনে প্রতিযোগীতার সম্মুখীন হওয়ার সাহস জোগায়। সুতরাং, আপনার হৃদস্পন্দন যখন বেড়ে যায় বা শ্বাস-প্রশ্বাস বেড়ে যায় সভাতে আপনার বক্তব্য রাখতে গিয়ে তখনও আপনি আর চিন্তিত হবেন না। এটা সামান্য ব্যাপার, যা আপনার শরীরকে কাজ করতে উৎসাহিত করে। যদি আপনার উদ্বেগ আপনার আয়ত্ত্বের মধ্যে থাকে তবে আপনি সুচিন্তিতভাবে, স্বচ্ছন্দভাবে এবং শ্রেষ্ঠত্বের সঙ্গো আপনার বক্তব্য পেশ করতে পারবেন।

আমি অনেক পেশাদার বক্তাদের সাথে কথা বলেছি। তারা এখনও উদ্বিগ্ন হয় যখন তারা তাদের বক্তব্য পরিবেশন করতে ওঠেন। বক্তব্য পরিবেশন করার আগে ভীত হওয়ার আসল কারণ তারা বক্তব্যটি অভ্যাস করেনি। এই ভয় থেকে মুক্তি পাওয়ার একটা উপায় তা ভালো করে অভ্যাস করা। আপনি জানাবেন সামান্য ভয় থাকা ভালো কারণ ভালো বক্তব্য রাখতে একটু ভয় সাহায্য করবে। কিন্তু সেটাকে আপনার উপকারে আনার জন্য কঠিন পরিশ্রম ও অভ্যাসের প্রয়োজন।

দুশ্চিন্তা করার কোনো কারণ নেই, যদি আপনি ভয়বশতঃ সভার মধ্যে আপনার বক্তব্য ভুলে যান। এটা সব বক্তাদের পক্ষেই ঘটে থাকে। যা তারা প্রতিদিনই এর মুখোমুখি হন। যদি আপনি চেষ্টা করেন এই ভয় একটা সীমা পর্যন্ত গিয়ে থেমে যাবে যেখানে সেটা আপনাকে সাহায্য করবে।

সঠিক উপায়ে প্রস্তুত করুন :

আপনি যখন কোনো বক্তব্য পেশ করতে যাচ্ছেন তখন সঠিকভাবে তৈরী হয়ে নিন। মাউন্ট এভারেস্টে ওঠার প্রস্তুতি না নিয়ে যাওয়া বা যুদ্ধক্ষেত্রে অস্ত্র ছাড়া যাওয়া

বুদ্ধিমানের কাজ নয়। সুতরাং, আপনি অতি অবশ্যই আপনার বক্তব্যে সঠিক ও যথাযোগ্য জ্ঞানের অবস্থান ঘটাবেন। আপনি অতি অবশ্যই অ্যালকোহল ও সিগারেট ত্যাগ করবেন কারণ এগুলি গলার সুক্ষ্ম শিরাকে নষ্ট করে দেয়, যেটা গলার স্বরকে নষ্ট করে দেয়। আপনি আপনার শ্রোতাদের লক্ষ্য রাখবেন। তাতে আপনার তাদের কার্যকলাপ বুঝতে সুবিধা হবে। যখন বক্তব্য পরিবেশন করবেন তখন আপনার হাতকে ব্যবহার করবেন। আপনার বক্তব্যে সজীবতা রাখুন। উইনস্টন চার্চিলের ব্যবহার করা চিহ্ন 'V' ব্যবহার করুন। দু আঙুলের সাহায্যে জয়ের চিহ্ন দেখান শ্রোতাদের আরও বেশী চাহিদা ও উদ্দীপনা পূরণের জন্য।

শব্দকে ভিতর থেকে আসতে দিন :

কখনও বক্তব্য মুখস্থ করতে চেষ্টা করবেন না। আপনার ভিতরেই সেই শব্দগুলিকে রাখতে চেষ্টা করুন। মনে করে বলতে গেলে আপনার সময় নষ্ট হবে এবং আপনার ভাষণের উপর বিশ্বাস হারিয়ে ফেলবেন। শ্রোতারাও আপনার বক্তব্য শুনতে শুনতে শ্রান্ত হয়ে পড়বে। আমরা সাধারণত কথা বলার আগে ভেবে নিই আমাদের বিষয়টা এবং সেটাকে কয়েকটি বাক্যে বলার চেষ্টা করি। কিন্তু যদি কোন বিষয় মুখস্থ করা যায়, তাহলে বক্তব্য পেশ করার সময় যদি কোন দু'চারটে শব্দ ভুলে যান তাহলে সমস্ত বিষয়টাই হয়ে ওঠে শুষ্ক ও বিবর্ণ। বক্তা দ্বিধাযুক্ত হয়ে যান এবং সেটা তার চেহারা ও মুখমণ্ডলে ফুটে ওঠে।

আপনার বন্ধুদের সামনে বক্তব্য পেশ করা অভ্যাস করুন :

আপনি বিষয়টা লিখুন এবং আপনার বন্ধুদের সামনে বলা অভ্যাস করুন। নিশ্চিত হন, আপনার বন্ধুরা বুঝতে পারছেন কিনা যে সেটা আপনি মুখস্থ করে বলছেন। তারা যেন বুঝতে পারে আপনি সাধারণভাবে তাদের সামনে কথাগুলি বলছেন। আপনার বন্ধুদের আপনার বক্তব্যের সমালোচনা করতে বলুন। আপনি কিছু নতুন আইডিয়াও পাবেন আর আপনার বক্তব্যকে আরও ভালো করার চেষ্টা করতে পারবেন।

আপনি আপনার ভুল-ত্রুটিগুলি বুঝতে পারবেন এবং একটা ত্রুটিহীন সম্পূর্ণ বক্তব্য শ্রোতাদের সামনে পেশ করতে পারবেন।

রবার্ট ব্রুস একজন মহান রাজা ছিলেন কিন্তু তার শত্রুরা তাকে যুদ্ধ করতে বাধ্য করে। সে অনেকবার চেষ্টা করে কিন্তু দুর্ভাগ্যবশতঃ তিনি সাতবার যুদ্ধে হার স্বীকার করেন। তখন তিনি জঙ্গলে চলে যান। একসময় তিনি বসে আছেন এমন সময় লক্ষ্য করলেন একটা মাকড়সা গাছের একটা ডাল থেকে আর একটা ডালে উঠতে চেষ্টা করছে। সে সাতবার চেষ্টা করে অকৃতকার্য হল। কিন্তু অষ্টমবারের চেষ্টায় সে গাছের ডালটি ধরতে কৃতকার্য হলো। রাজা তার মনোবল ফিরে পেলেন এবং যুদ্ধ করতে গেলেন এবং সফল হলেন।

যদি একজন রাজা তার আত্মবিশ্বাস ফিরে পেয়ে যুদ্ধ জয় করতে পারেন, আমি বিশ্বাস করি আপনার পক্ষেও একজন সফল বক্তা হওয়া খুবই সহজ।

নিজের বিষয়টাকে বুঝতে চেষ্টা করুন :

আপনি একটা ভালো বিষয় নির্বাচন করুন এবং সেটাকে বার বার অভ্যাস করুন। আপনি ভালোভাবে বিষয়টাকে বুঝতে পারলে আপনার মধ্যে একটা আত্ম-বিশ্বাস জেগে উঠবে। আপনার আত্ম-বিশ্বাস বেড়ে গেলে আপনি আপনার শ্রোতাদের বিষয়ের সমস্ত প্রশ্নের উত্তর দিতে পারবেন। কোনো না-সূচক চিন্তা-ভাবনা করবেন না। কোনো গ্রামারের ভুলও আপনার বলার স্রোত নষ্ট করে দিতে পারে। ভয়ও চলে যাবে যদি অন্যান্য বক্তাদের বক্তব্য খুব মনোযোগ দিয়ে শোনেন।

অনেক বক্তারা তাদের বক্তব্য ঠিক না বেঠিক সেটাই বুঝে উঠতে পারেন না, কিংবা শ্রোতারা তার বক্তব্য পছন্দ করছে কি করছে না সেটাও বুঝতে পারেন না। সেক্ষেত্রে, আপনি একটা সঠিক বক্তব্য স্থির করে নেবেন। আপনার বিষয়টাকে আপনার অভিজ্ঞতা দিয়ে ভরিয়ে তুলবেন, সুতরাং বক্তব্যটি গ্রহণযোগ্য হবে। আপনি নিজেই বুঝতে পারবেন অন্য কোনো বক্তা এই বিষয়টা নিয়ে আপনার থেকে ভালো

বলতে পারতেন না। সেটা আপনার ভিতরে আত্ম-বিশ্বাস গড়ে তুলতে সাহায্য করবে। আপনি ভাল কার্যক্রম করতে উৎসাহিত হবেন।

প্রতিটি কাজে বিশ্বাস উৎপন্ন করুন :

আপনার ভিতরের আত্মবিশ্বাসের চাবিকাঠি হল আনন্দ। আপনি যদি নিজেকে অখুশী মনে করেন, তবে পিছনের সিটে বসুন এবং ভাবুন আপনি সত্যিই খুশী। লোকেদের সাথে কথা বলুন তাহলে আপনি সবসময় আনন্দে থাকবেন। আপনি যদি এটা করতে পারেন, বিশ্বাস করুন আপনি আনন্দে থাকবেন। আপনি যদি নিজেকে সাহসী, এবং শক্ত মনের মানুষ দেখাতে তবে প্রথমেই দেখাতে হবে আপনি একজন সাহসী ব্যক্তি। আপনি যত তাড়াতাড়ি সম্ভব আপনি এটা সফলতার সঙ্গে অনুশীলন করবেন তত তাড়াতাড়ি আপনি উদ্বেগ থেকে মুক্ত হবেন। আপনি শ্রোতাদের সামনে নিজেকে তুলে ধরতে পারবেন এইভাবে যে আপনি একজন সুখী এবং আনন্দিত মানুষ। একসময় আপনি নিজে একজন ভালো অভিনেতা হয়ে যাবেন এবং অভিনয় করাটা আপনার অভ্যাসে পরিণত হয়ে যাবে। আপনি স্টেজের উপর বক্তব্য পেশ করতে কোনো সমস্যার সম্মুখীন হবেন না।

অন্তত ত্রিশ সেকেন্ড আগে আপনি দীর্ঘশ্বাস গ্রহণ করুন। আপনার হৃৎপিণ্ডে অনেক বেশি অক্সিজেন নিন যা আপনাকে আরও আবেগপ্রবণ হতে সাহায্য করবে। তারপর—আপনি আনন্দের সাথে বক্তব্য পেশ করতে শুরু করুন শ্রোতাদের সামনে যারা আপনার বক্তব্য শোনবার জন্য অপেক্ষা করছেন।

আত্মবিশ্বাস আপনাকে লক্ষ্যে পৌঁছতে সাহায্য করবে। কঠিন পরিশ্রম, হ্যাঁসূচক চিন্তাভাবনা, ধৈর্য্য এবং বিশ্বাস এসবই উন্নতির সোপান।

একসময় একজন আমেরিকান, যে খুব ভীত মানুষ ছিলেন। কিন্তু তিনি তাঁর

আত্ম-বিশ্বাস বাড়িয়ে একজন সফল মানুষ হয়ে উঠেছিলেন। তিনি আমেরিকান প্রেসিডেন্টের সংবাদ-সংগ্রাহক ছিলেন। তিনি তাঁর বায়োগ্রাফিতে স্বীকার করেছেন তিনি আগে একজন খুবই ভীত মানুষ ছিলেন। তিনি লিখেছেন—"আমি একজন সফল ব্যক্তি হয়ে ওঠার জন্য শারীরিক এবং মানসিক যন্ত্রণা ভোগ করেছি।"

আপনি যখন দেখবেন আপনি আপনার জীবনের সমস্যা সমাধান করতে পারবেন, দেখবেন আপনি উদ্বেগশূন্য হয়েছেন।

আত্মবিশ্বাস—সফলতার চাবিকাঠি :

আপনি একজন ফলপ্রসু ও সফল বক্তা হয়ে উঠতে পারেন যদি আপনি এইগুলি ঠিকমতো পালন করার প্রতিজ্ঞা করেন। এগুলি সবই প্রয়োজন আপনার আত্ম-বিশ্বাস বাড়ানোর জন্য। আপনার যদি আত্ম-বিশ্বাস থাকে তাহলে কেউই আপনার সফলতার পথে বাধা সৃষ্টি করতে পারবে না। শ্রোতাদের সামনে বলা কথাগুলি সবসময় আত্ম-বিশ্বাসে ভরা থাকবে।

যতদিন না আপনার আত্ম-বিশ্বাস বাড়ছে, ততদিন আপনি এই নিয়মগুলি মেনে চলুন :

১. অন্যদের এবং আমার ভিতরে সর্বদা গুণ দেখব।

২. আমি সর্বদা আনন্দের সাথে কাজ করব এবং কখন আশা-ভঙ্গা হবো না।

৩. আমি এমন একজন মহান ব্যক্তি হবো যাকে সবাই উদাহরণস্বরূপ দেখাবে।

৪. আমার বক্তব্যে সমস্ত শব্দগুলি আশা ও আনন্দে ভরপুর থাকবে।

৫. আমার বক্তব্যে এমন কিছু থাকবে যা আমার শ্রোতাদের ও বক্তা হিসাবে আমাকেও সফলতা দেবে।

আত্মবিশ্বাস এবং বিশ্বাস এমন এক 'মন্ত্র' যা অত্যন্ত প্রয়োজনীয় সম্ভাবনার উদ্ভব ঘটায়। এটাই আত্মবিশ্বাসের শক্তি, যা মানুষের স্বপ্নকে একত্রিত করে তাদের এরোপ্লেনে করে উড়তে সাহায্য করে। এই আত্মবিশ্বাস মানুষ চাঁদ থেকে পেড়ে আনে না। আত্মবিশ্বাস একটা বড়ো শক্তি। সুতরাং, আপনি যদি প্রতিজ্ঞাবদ্ধ হ'ন তবেই আপনি সফল হবেন।

নিজেকে জানুন

মানুষ ভগবানের শ্রেষ্ঠ সৃষ্টি। আমরা গর্বিত যে আমরা মানুষ এবং আমাদের চিন্তা-ক্ষমতা আছে। আমাদের মস্তিষ্ক কম্পিউটারের মতো কাজ করে। আমাদের মস্তিষ্ক আমাদের শরীরের প্রতিটি অঙ্গের যত্ন নেয়। এটি পৃথিবীর সব থেকে শক্তিশালী হাতিয়ার। আমরা আমাদের মস্তিষ্ককে বেশী কাজ করায় এবং মস্তিষ্কের পেশীগুলি বেশী উত্তেজক। অনেক মহান ব্যক্তিরা তাদের মস্তিষ্কের সমস্ত পেশীগুলিকে উত্তেজিত করে উঠতে পারেননি। আমরা যদি আমাদের মস্তিষ্কের পেশীগুলির দশভাগও কাজে লাগাতে পারি তবে এক সফল ব্যক্তিত্বে পরিণত হতে পারি।

ভগবান কেন পক্ষপাতী? কেন সামান্য কিছু লোকই সফল হয়? স্বামী বিবেকানন্দ একসময় তার গুরু রামকৃষ্ণ পরমহংসকে প্রশ্ন করেছিলেন। পরমহংস খুব ধৈর্য সহকারে প্রশ্নটি শুনেছিলেন এবং উত্তর দিয়েছিলেন।—ভগবানের আশীর্বাদ মৃদু বাতাসের মতো। সুতরাং যে মানুষ তার নৌকার দিক পরিবর্তন করতে চান সে সেই বাতাসের সঙ্গে এগিয়ে যায় সফলতা পাওয়ার জন্য।

একটা বক্তব্য শ্রোতাদের অনেক ফল দেয়। কিছু শ্রোতা বক্তাদের স্টেজের উপর খুব সতর্কভাবে লক্ষ্য করে সুতরাং, আমাদের সৌষ্ঠবপূর্ণ ব্যবহার শিখতে হবে। আপনাকে যত্ন নিতে হবে কিভাবে আপনি হেঁটে মঞ্চের দিকে যাচ্ছেন, কিভাবে

আপনি নাম ধরে ডাকছেন এবং কিভাবে আপনি আপনার হাত নেড়ে কথা বলছেন। এমনভাবে হাত বা অঙ্গাভঙ্গি করবেন না যাতে দর্শক আপনাকে অগোছালো এবং অসভ্য ভাবতে পারে। মনে রাখবেন, ভালো কলা-কৌশল শেখাটা যেমন কঠিন, খারাপ কলা-কৌশল ভোলাটাও কঠিন যা আপনি অভ্যাস করেছেন। সুতরাং, প্রথম থেকেই সঠিক কলা-কৌশল অভ্যাস করুন।

আপনি যখন কোনো বক্তব্য পরিবেশন করবেন আপনি একসঙ্গো অনেক কিছুর প্রতি লক্ষ্য রাখবেন।

১. কিছু বক্তা আগে থেকেই ভেবে নেন তারা শ্রোতাদের আকৃষ্ট করতে পারবেন না। তারা স্টেজের দিকে সেই মনোভাব নিয়েই এগিয়ে যায়। আপনি কখনও এই ভুল করবেন না। আপনি স্টেজে আত্মবিশ্বাসের সঙ্গো এগিয়ে যাবেন।

২. কিছু বক্তা বক্তব্যের মাঝে হাত দিয়ে তাদের চুল ঠিক করে এবং নাকে হাত দেয়। তাতে দর্শক তাদের বক্তব্যের প্রতি মনোযোগ হারিয়ে ফেলে। তারা অপেক্ষা করে পরে আবার কখন আপনি নাকে হাত দেবেন।

আমরা যখন বক্তব্য পরিবেশন করি, তখন অতি অবশ্যই আমাদের একটা স্টেজের উপর দাঁড়িয়ে দিতে হয়। তাহলে স্টেজে ওঠার জন্য ভয় কিসের? আপনাদের একটা উদাহরণ দিচ্ছি—আমি যখন সাঁতার শিখতে যাই তখন আমরা কুড়িজন সাঁতারু ছিলাম। আমরা সাঁতার শিখতে চাইতাম কিন্তু জলে ঝাঁপ দিতে চাইতাম না। তখন, একদিন আমাদের শিক্ষক আমাদের জলে ঝাঁপ দিতে বললেন। আমরা 50 মিটারের বেশি সাঁতার কাটতে পারতাম না। পরের দিন তিনি আমাদের গভীর জলে নিয়ে গেলেন এবং আমাদের বললেন যে অনেকে গভীর জলে হারিয়ে যেতে পারে, মারাও যেতে পারে। কিন্তু একই সময়ে আমাদের আশ্বাস দেন ট্রেনার তাদের মরতে দেবে না। আমাদের শিক্ষকের সঙ্গো কথোপকথন এতই ফলপ্রসু ছিল যে আমাদের কুড়িজনের মধ্যে আঠারোজন সেদিন পাশ করে গেল। এখন, আমি বলছি বক্তা হিসাবে মঞ্চের

উপর থাকুন। মঞ্চের উপর আপনি হয়ত আপনার বক্তব্য ভুলে যেতে পারেন, এছাড়া আপনার সাথে আর কিছু হবে না। সুতরাং, আপনি সম্পূর্ণ আত্মবিশ্বাসের সাথে মঞ্চে উঠুন। আপনি আপনার শ্রোতাদের দেখে উত্তেজনা অনুভব করবেন। আপনিও দেখে আনন্দ অনুভব করবেন যে শ্রোতারা তাদের মূল্যবান সময় নিয়ে আপনার বক্তব্য শোনার জন্য অপেক্ষা করছেন।

সমস্ত বক্তারাই জানেন তাদের কখন মঞ্চে ডাকা হবে। আমি তাদের বলব তারা তাদের মঞ্চে যাওয়ার আগে নিজের মুখ ধুয়ে, সেটা ভালোভাবে মুছে নিয়ে বক্তব্য পেশ করার জন্য রেডি হয়ে থাকবেন। সামান্য জল খেয়ে নিজেকে তৈরী করে বসে থাকবেন। আপনার চেয়ার টেবিলের মাঝে কিছুটা ফাঁক রাখবেন যাতে আপনাকে যখন ডাকা হবে তখন টেবিলটাকে সরাবার প্রয়োজন না হয়।

অনেক বক্তারাই তাদের বক্তব্য রাখার সময় হাতের ব্যবহার করতে জানেন না। আমার এক বন্ধু কলেজের লেকচারার ছিল। সে তার বিষয়ে পারদর্শী ছিল। সে তার আঙুলগুলি দিয়ে লেক্চার দেওয়ার সময় শার্টের বোতাম নিয়ে নাড়াচাড়া করতে দেখা যেত। তাকে তার কারণ জিজ্ঞাসা করাতে সে বলল এতে সে অনেক বেশি স্বাচ্ছন্দবোধ করে। কারণ তার হাতের ব্যবহার ঠিকমতো জানা ছিল না এবং ক্রমশঃ এটা তার অভ্যাসে পরিণত হয়ে গেছিল। আসলে, এটা একজন মানুষের ক্ষেত্রে ঘটে যখন সে বক্তব্যের আসল ব্যাপারটা বোঝেন না।

বক্তব্যকে প্রভাবিত করতে হাতের ব্যবহার

আপনার বক্তব্যের প্রতি শ্রোতাদের আকৃষ্ট করতে আপনার হাতের সঠিক ব্যবহার অত্যন্ত জরুরী। কথা বলার সময় আপনার হাতকে কীভাবে ব্যবহার করবেন সেটা আপনাকে অতি অবশ্যই শিখতে হবে।

আমি এই ব্যাপারে প্রযত্নশীল বক্তাদের দেখেছি বক্তারা ভাষণ দেওয়ার সময়

তাদের হাতের ব্যবহার করতে চেষ্টা করেন। কিন্তু তারা উদ্বিগ্ন হয়ে পড়েন। এই উদ্বিগ্নতার সাথে হাত নেড়ে যখন তাদের বক্তব্য পেশ করেন, তখন তাদের বক্তব্যগুলি আরও খারাপ হয়ে যায়। তাদের বক্তব্য কৃত্রিম মনে হয়। এই সমস্যা সমাধানের একটাই আপনাকে উদ্বিগ্ন শূন্য হওয়া। আপনার বক্তব্যও সত্য মনে হবে এবং আপনার শারীরিক অঙ্গাভঙ্গি ও হস্তচালনা স্বাভাবিক হয়ে উঠবে। আপনি আপনার হাত ডানদিকে চালনা করবেন, যে কলা-কৌশল আপনি এই বইয়ের দ্বিতীয় অধ্যায়ে শিখেছেন। আপনার শরীরকে উদ্বেগমুক্ত করা খুবই প্রয়োজন। আর একটা ব্যাপার, আপনি এটা আয়নার সামনেও অভ্যাস করতে পারেন। আপনার বলার ক্ষমতাকে বাড়াবার জন্য এটা একটা খুব ফলপ্রসু উপায়। আপনার বন্ধুদের মধ্যে শুধুমাত্র একটা ঘটনা বলতে চেষ্টা করুন। আপনি অনুভব করবেন আপনার হাত সঠিকভাবে আপনার বক্তব্য পেশ করতে কাজে লাগছে। সেইভাবেই আপনি আপনার বক্তব্যে সত্যতা আনতে পারবেন। আপনার শ্রোতাদের আপনার বন্ধু ভাবুন এবং চেষ্টা করুন আপনি যেভাবে আপনার বন্ধুদের বুঝিয়েছেন সেভাবেই বোঝাতে। মনে রাখবেন, আপনি মুখস্থ করা বিদ্যাতে জীবন্ত-ভাব আনতে পারবেন না। এমনকি যদি আপনি শিখতে চান, তবে শুধুমাত্র পয়েন্টগুলি মনে রাখুন। আপনার সময়ের অর্ধেক নষ্ট হয়ে যাবে যদি আপনি সেটার প্রতিটি মনে করার চেষ্টা করেন। আপনার হাত এতে সহায়ক হবে না। সুতরাং, আপনি আপনার শরীরকে 'উদ্বিগ্ন মুক্ত' করুন এবং একজন সফল ও ফলপ্রসু বক্তা হয়ে উঠুন। আপনার হাত নিজে থেকেই আপনার সহায় হয়ে উঠবে, যখন আপনি একজন ভীতিহীন বক্তাতে পরিণত হবেন।

আপনি আপনার হাত সমেত সমস্ত শরীরের যত্ন নেবেন। আপনাকে মঞ্চের উপর কেমন দেখাচ্ছে তার উপরও আপনার সফলতা নির্ভর করে। সুতরাং আপনার শারীরিক অঙ্গাভঙ্গি ঠিক রাখাও অত্যন্ত জরুরী। আপনার মেরুদণ্ড সোজা করে দাঁড়াবেন। সোজাসুজিভাবে কিন্তু আড়ষ্ঠ ভাবে নয়। আড়ষ্ঠতা আপনার কণ্ঠস্বরে প্রতিফলিত হবে। আপনি আপনার দর্শকদের মন জয় করতে পারবেন, যদি আপনার

অঙ্গাভঙ্গি সঠিক হয় এবং আপনাকে দেখতে সহজ ও স্বাভাবিক হয়। আপনি দেখে নেবেন আপনার পকেট বেশি ভারি না থাকে। আপনার জামা-কাপড়ও বেশি আঁটসাঁট না হয় তাহলে কথা বলতে আপনি অস্বস্তি বোধ করবেন। আপনার পোশাক পরিচ্ছন্ন ও ইস্ত্রি করা থাকবে। যদি আপনি টাই পরেন তবে লক্ষ্য রাখবেন সেটা যেন ঠিকমতো বাঁধা হয় এবং ঠিক মাঝখানে থাকে। আপনার জুতো সর্বদা পরিষ্কার রাখবেন। এইসব জিনিসগুলি শুধুমাত্র দর্শকদেরই দৃষ্টি আকর্ষণ করে না বক্তারও আত্মবিশ্বাস বাড়াতে সাহায্য করে। আপনি যদি ছেঁড়া জুতো পরেন তবে দর্শকদের লক্ষ্য সেদিকে যাক না যাক, আপনার দৃষ্টি সেদিকে যাবেই, তাতে আপনার মনোযোগের একটু অভাবতো হবেই। আপনি গুছানো ও সুসংগঠিত দেখাবেন না, যদি আপনি আপনার চুলকে সুন্দর করে না কাটান। দর্শকরাও আপনার বক্তব্যে মনোনিবেশ করবে না বরং আপনার চুলের উপর দৃষ্টি নিবদ্ধ রাখবে।

ব্যবহারে স্নিগ্ধতা :

আমি বিশ্বাস করি আপনি আপনার বক্তব্য রাখার আগে এই কথাগুলি অতি অবশ্যই মনে রাখবেন। আপনি যদি বিবাহিত হন, তাহলে আপনার স্ত্রীকে জিজ্ঞাসা করুন, আপনাকে কেমন দেখাচ্ছে। আপনি আয়নার সামনে দাঁড়িয়ে নিজেকে জিজ্ঞাসা করলে সঠিক উত্তর পাবেন যে আপনাকে কেমন দেখাচ্ছে। পোশাক দামী অথচ আপনাকে ভালো দেখাচ্ছে না সেই পোশাক আপনার ব্যবহার করা উচিত নয়। আমাদের ব্যবহারও শ্রোতাদের উপর সাংঘাতিকভাবে প্রতিফলিত হয়। প্রত্যেকের নিজেদের আলাদা পছন্দ আছে কিন্তু কিছু কিছু লোক সেই ব্যবহারকে ভুল উপায়ে গ্রহণ করে নেয় এবং যখন সেই উপায়কে ব্যবহার করা হয় তখন খুবই অভদ্র লাগে। এক বক্তা হওয়ার পক্ষে আপনার এই ব্যবহার খুবই উদ্বিগ্নতার কারণ।

আড়ষ্ঠতা কাটিয়ে ওঠার উপায় :

যদি আপনি কোনোরকম অস্বচ্ছন্দবোধ করেন, তাহলে সেখানে একটা বিশেষ শিক্ষা গ্রহণ করা প্রয়োজন যা আপনাকে উদ্বেগ-শূন্য করবে। একজন বক্তা কখনই সোজা হয়ে আত্মবিশ্বাসের সঙ্গো বক্তব্য পেশ করতে পারেন না যদি সে অস্বাচ্ছন্দ্য অনুভব করেন। তিনি তার চারিদিকের জিনিসপত্রের সাহায্যে এই অবস্থা কাটানোর চেষ্টা করেন। কিন্তু বক্তাদের দেখা যায় নখ দিয়ে মাইক্রোফোনের রং আঁচড়াচ্ছে। শ্রোতারা মনোনিবেশ করতে পারে না যখন তাদের সামনে এইসব ঘটনা ঘটতে থাকে। তাদের দৃষ্টি নিবদ্ধ থাকে বক্তা কি করছেন। কিন্তু কোন বক্তাই এই সমস্ত অস্বাচ্ছন্দ্য নিয়ে জন্মায় না। এই ত্রুটিগুলি সর্বদার জন্য নয়। আপনি আপনার ইচ্ছা শক্তির সাহায্যে অনায়াসে এই বাধাগুলি পেরিয়ে যেতে পারেন।

আমি অনেক বক্তাকে দেখেছি যারা তাদের আঙুল দিয়ে চুল আঁচড়ান কথা বলার সময়। এটা করার সময় হয়ত আপনি স্বচ্ছন্দ্যবোধ করতে পারেন। কিন্তু ভাবুন এই ধরনের কার্যকলাপ দর্শকদের কিভাবে বিরক্তি উৎপন্ন করবে। সুতরাং, আমি বুদ্ধি দেবো এই ধরনের বদঅভ্যাস ত্যাগ করুন।

অনেক বক্তারা বক্তব্য পেশ করতে করতে বারবার তাদের গলা পরিষ্কার করতে থাকে। গলা পরিষ্কার থাকলেও তারা উদ্বেগ থেকে রেহাই পাওয়ার জন্য এটা বার বার করে। এই ধরনের কার্যকলাপ বক্তার প্রতি দর্শকদের মনোনিবেশ করতে বাধা সৃষ্টি করে, এবং বক্তা কি বলতে চাইছেন তা বিশেষ এবং প্রাসঙ্গিক কিনা বুঝতে পারেনা। এটা কথার মাঝে একটা ফাঁকের সৃষ্টি করে যা বক্তব্যকে অসম্পূর্ণ রাখে। শ্রোতারা বক্তার কথা শোনার আগ্রহ নিয়ে আসে। অতএব তারা এই ধরনের ব্যবহার বক্তব্যের মাঝে সহ্য করেনা। সুতরাং, আপনি মনে রাখবেন একমাত্র খুব প্রয়োজন ছাড়া গলা পরিষ্কার করার প্রয়োজন নেই।

সাধারণত এরকম ঘটে থাকে, যখন মানুষের আত্মবিশ্বাস থাকে না, যখন তারা ভালোভাবে তৈরি থাকে না এবং বক্তব্য দেওয়ার মূল অংশগুলি সম্বন্ধে সচেতন থাকেন না। আমি মনে করছি যে সমস্ত কৌশল এই বইয়ের দ্বিতীয় অধ্যায়ে দেওয়া হয়েছে সেগুলি গ্রহণ করবেন এবং যে কোন ভুল করবেন না প্রতিজ্ঞা করুন।

এখানে আপনাকে আপনার দেহ-ভঙ্গির উপস্থাপনার ক্ষেত্রে যদি কোন সমস্যা দেখা দেয় তার জন্য কয়েকটি উপায় দেখানো হল—

১. দেওয়ালের দিকে পিছন করে দেওয়ালের সাথে সোজা হয়ে দাঁড়ান। নিশ্চিতভাবে আপনার হাঁটু, কাঁধ সোজা করে দাঁড়াতে পেরেছেন কিনা দেখুন। তারপর, আপনি কথা বলা অভ্যাস করুন এবং আপনার শরীরকে নড়াচড়া করতে অভ্যাস করান। এইভাবে আপনি যতক্ষণ না উদ্বেগশূন্যভাবে বলতে পারছেন অভ্যাস করুন।

২. আপনার কাঁধকে বিশ্রাম দেওয়ার জন্য ক্লকওয়াইজ ও অ্যান্টি-ক্লকওয়াইজ ঘোরাতে থাকুন। কাঁধকে আপনার কানের কাছে নিয়ে আসুন এবং সঙ্গে সঙ্গে ছেড়ে দিন। আপনি যতবেশি এটা অভ্যাস করবেন ততবেশি আপনি উদ্বেগ-মুক্ত হবেন।

৩. আপনি যখন চেয়ারে বসবেন তখন আপনার পিঠটা চেয়ারে ঠেকিয়ে রাখবেন। আপনার পিঠ বসার সময় সোজা থাকলে আপনার কোন স্ট্রেইস আসতে পারবে না।

৪. আপনার দেহ-ভঙ্গির উন্নতির আর একটি উপায় সোজা হয়ে দাঁড়ানো এবং আপনার চুল যাতে উড়তে না পারে তার জন্য একটা ফিতে দিয়ে বেঁধে রাখতে চেষ্টা করুন। সেটা ছাদের সঙ্গে আটকানো থাকবে। যাতে আপনার সম্পূর্ণ বডির ওজন নিচের দিকে আসে।

৫. আপনার হাঁটুকে এমনভাবে ভাঁজ করুন যেন মনে হয় আপনি লাফাতে যাচ্ছেন। আপনার হাতকে দোলাতে থাকুন অর্থাৎ একদম আলগা ছেড়ে দিন। আপনি এতে আরাম পাবেন। আপনার হাতকে এমনভাবে আলগা রাখবেন যেন মনে হয়

শরীরে কোনো প্রাণ নেই। কিন্তু একটা দিকে নজর রাখবেন যেন এর ফলে পিঠ এবং কাঁধে কোনো ব্যথা না হয়।

আমি আশা করবো আপনি এই কৌশলগুলি যত্ন সহকারে গ্রহণ করবেন। এইগুলি অভ্যাস করলে আপনি একজন সফল ও প্রভাবশালী বক্তা হয়ে উঠতে পারবেন।

সফলতার মন্ত্র

প্রত্যেকেই জীবনে সফল হতে চায়। একজন মানুষ সফল হওয়ার জন্য কঠিন পরিশ্রম করে। কিন্তু কিছু ক্ষেত্রে সাংঘাতিক ভুল করে যে, সে শুধু প্রশংসাই শুনতে চায় এবং তার ক্ষেত্রে কোন সমালোচনা শুনতে রাজি নয়। আপনি বিরক্তবোধ করবেন যদি আপনার কোন বন্ধু আপনাকে বলেন যে বক্তব্য রাখার সময় আপনার ভাষা ঠিক ছিল না বা আপনাকে বোকা দেখাচ্ছিল। অপরদিকে, অন্য কোন বন্ধু আপনার প্রশংসা করলে আপনি খুশি মনে তা গ্রহণ করছেন। এটা আপনার ঠিক উপায়? আমি বিশ্বাস করি আপনি সঠিক সমালোচনা গ্রহণ করুন এবং যা আপনাকে সঠিক লক্ষ্যে পৌঁছতে সাহায্য করবে।

একজন মানুষ কখনই নিজেকে মূল্যহীন মনে করেন না। আপনি নিজে দৃঢ়চিত্ত হন এবং প্রতিজ্ঞা করুন আপনি কখনও অকৃতকার্য হবেন না। আপনি একজন সফল বক্তা অনায়াসেই হতে পারেন যদি আপনার সংকল্প, একাগ্রতা ও ইচ্ছাশক্তি থাকে। আপনার সাফল্যের পথে যদি কোন বাধা আসে তবে আপনি সেই সমস্ত সমস্যা অনায়াসেই পার হবার উপায় অর্জন করতে পারবেন। কখনই নিজেকে অযোগ্য বলে গণ্য করবেন না। কখনই না-সূচক মনোভাব আনবেন না। ভুল চিন্তাধারা যে কারোর জন্যই বড় শত্রু। আপনি এর থেকে দূরে থাকুন। আপনাকে একজন উদাহরণস্বরূপ বলে আমাকে ভাবতে দিন।

একজন লোকের কথা জানায়—যিনি ভাবতেন যে তার মাথার ভিতরে একটা ব্যাঙ আছে যেটা সবসময় একটা শব্দ তৈরী করছে। সে অসুস্থ হয়ে পড়ে। ডাক্তার পরীক্ষা করে বললেন তিনি একদম ঠিক আছেন। কিন্তু তার অবস্থা আরও খারাপ হয়ে উঠল। ডাক্তার বুঝে উঠতে পারছিলেন না তিনি কি করবেন। যখন কোনো উপায় দেখতে পেলেন না ডাক্তার এসে বললেন রিপোর্টে দেখা গেছে যে সত্যি তার ব্রেনে একটা ব্যাঙ আছে। ডাক্তার তখন তার ব্রেন অপারেশন করলেন এবং একটা ব্যাঙ এনে রাখলেন। যখন তার জ্ঞান ফিরে আসল ডাক্তার বললেন এটা সেই ব্যাঙ যেটা তার মাথার ভিতরে ছিল। লোকটি সন্তুষ্ট হলেন এবং কিছু দিনের মধ্যেই সুস্থ্য হয়ে উঠলেন। কিন্তু তিনি আমাদের সকলের মতোই শিক্ষিত লোক ছিলেন এবং তিনি এখনও ভুল ধারনা নিয়ে আছেন যে তার মাথার ভিতরে ব্যাঙ ছিল। সুতরাং আমি আশা করবো আপনি এরকম কোন ভুল ধারনা আপনার ভিতরে পোষণ করবেন না।

আত্ম-বিশ্লেষণ খুব গুরুত্বপূর্ণ :

যখন একজন মানুষ তার আত্মবিশ্লেষণ করতে চেষ্টা করে একমাত্র তখনই সে মানবিক দিক থেকে তার সত্যিকারের মূল্যায়ন করতে পারে। এটা খুবই গুরুত্বপূর্ণ যে নিজের মূল্য ও শক্তি জানার। মানুষ যখন নিজেকে আত্ম-বিশ্লেষণের সেই জায়গায় পৌঁছতে পারেন, তখনই তিনি সাফল্যের সিঁড়ি বেয়ে উঠতে শুরু করেন। স্নিগ্ধ সূর্যালোকও আগুন জ্বালাতে পারে যখন সে তার সমস্ত শক্তি লেন্সের মধ্যে দিয়ে একত্রিভূত করে। একইভাবে, আমরা যদি আমাদের সমস্ত গুণ সমন্বিত করি, তাহলে আমরা যেকোন সমস্যা অতিক্রম করতে পারি। এখানে আমি সেইরকম কিছু গুরুত্বপূর্ণ বিষয় আলোচনা করব, যেগুলো একজন সফল বক্তা হওয়ার পথে আপনাকে সাহায্য করবে।

সময়ানুবর্তীতা :

আপনি এটিকে অতি তুচ্ছ ভাবলেও, জীবনে সফল হওয়ার পেছনে এর ভূমিকা

ভীষণ গুরুত্বপূর্ণ। এটা সর্বতভাবে স্বীকৃত যে একজন সময়নিষ্ঠ মানুষই সফল হওয়ার যোগ্য। সবসময় মনে রাখবেন, যে নিজের এবং অন্য কারোর সময় জ্ঞানতভাবে অপচয় করে, সে কখনই তার কাজে সফল হতে পারে না। প্রচুর খ্যাতনামা রাজনৈতিক নেতাকেও দেখা যায় যে তারা সময়নিষ্ঠ নন। বিখ্যাত বৈজ্ঞানিক আইনস্টাইন বলেছেন : "সময়ই মনুষ্যের সৃষ্টিকর্তা"। নির্দিষ্ট সময়ের বাইরে যে কোনো কাজই বৃথা, যেমন—ট্রেন ছাড়ার পরে স্টেশনে গিয়ে পৌঁছানো, শস্য নষ্ট হয়ে যাওয়ার পরে জমিতে ঔষধ ছড়ানো এবং অকৃতকার্য হওয়ার পরে নিজেকে নিজের শাস্তি দেওয়া, এর কোনোটাই কাজের কাজ নয়।

মহাত্মা গান্ধীর মত লোক যাঁরা সময়কে সঠিক এবং যথাযথ পথে কাজে লাগিয়েছেন, তাঁরাই জীবনে মহান হতে পেরেছেন। সুতরাং, জীবনে সফল বক্তা হতে গেলে সময়নিষ্ঠ হওয়া অতি প্রয়োজন। মনে রাখবেন, আমরা শ্রোতা হয়ে বক্তার জন্য অপেক্ষা করতে চাই না। একজন ভাল বক্তা সবসময় ঠিক সময়ে উপস্থিত হন। আবার সময়ের আগে কখনই বক্তার পৌঁছনো উচিত নয় যাতে তাকে শ্রোতাদের জন্য অপেক্ষা করতে হয়।

সততার শক্তি :

সকলেই সত্যবাদী মানুষকে পছন্দ করেন। যিনি অতিমাত্রায় কথা বলেন বা মিথ্যা কথা বলেন তিনি সবসময় সমালোচিত হন। সত্যবাদিতার জন্য প্রশংসা পাওয়া একজন মানুষের যথেষ্ট সম্মানের বিষয়। কিন্তু এমন কিছুতে নিজেকে প্রশ্রয় দেওয়া উচিত নয় যেটা আপনার সম্মানে আঘাত করে। এখানে আমি আপনাদের একটি উদাহরণের মাধ্যমে, বোঝাবো যে কিভাবে একজন ভালো ও বুদ্ধিমান বক্তা সত্যকে উপেক্ষা করে চলে গিয়েছিলেন। একবার আমরা বনভোজনে গেছিলাম। অনেকগুলি পরিবারই ছিল সেখানে কিন্তু সেই জায়গাটা ভালো ছিল না আর খাবারের আয়োজনটাও ঠিকঠাক ছিল না। সেজন্য অনেকেই অসন্তুষ্ট হয়েছিলেন এবং অনেকেই রেগেও গিয়েছিলেন। এরপর আমরা সবাই যখন বেরিয়ে আসছিলাম, সেইসময় এক ভদ্রলোক কিছু বক্তব্য রাখবেন বলে উঠে দাঁড়ালেন। সমস্ত পরিবারকে সম্বোধন করে তিনি

বললেন যে সেই জায়গাটি তিনি বেশ উপভোগ করেছেন এবং সেই একই জায়গায় তারা আবার বনভোজনের আয়োজন করবেন। তিনি আগে যদি তার শ্রোতাদের সমালোচনা শুনতেন, তাহলে তিনি বুঝতে পারতেন যে তিনি কি ভুল করতে চলেছেন। আসলে, তিনি সেই জায়গাটিতে আসার আগেই তাঁর বক্তব্যটি লিখে এনেছিলেন এবং পরিস্থিতি অনুযায়ী সেটিকে পরে আর উপযুক্ত করে তুলতে পারেননি। যদি তিনি সেটা করতে পারতেন, তাহলে, আমি নিশ্চিত করে বলতে পারি যে, না কোনো শ্রোতা খারাপ বোধ করতেন, না তাঁর যোগ্যতা নিয়ে কেউ প্রশ্ন তুলতেন।

অনেকেই একঘেঁয়েমির জন্য বক্তৃতা পছন্দ করেন না। কেউ কেউ বক্তৃতার শেষে বলে থাকেন, "ঈশ্বর আপনাদের মঙ্গল করুন।" সকলেই জানে যে এহেন বক্তব্যের কোনো অর্থ নেই।

ভালো বক্তা কখনই প্রকৃত কারণ ছাড়া কাউকে সমালোচনা করেন না। যথাযথ সময়ের জন্য অপেক্ষা করে সমস্ত তথ্যাদি যোগাড় করে তবেই তিনি তা করে থাকবেন। ভালো বক্তা মাত্রই তাঁর বক্তৃতায় সেইসব জিনিসগুলি থাকবে যেগুলি সম্বন্ধে তিনি নিশ্চিত। তিনি সেইগুলিও বলবেন, যেগুলি তিনি সততার সঙ্গে বর্ণনা করতে পারবেন। কোনো বিতর্কিত বিষয়বস্তু নিয়ে বক্তারা সাধারণত কিছু মন্তব্য করেন না। যদি না সেটা অন্যদের ভালোর জন্য আবশ্যক হয়ে পড়ে। যদি আপনার অন্তর থেকে মনে হয় যে, কোনো বিশেষ বিষয়ের ওপর আপনি লোকেদের সামনে বক্তব্য রাখতে পারবেন না, তাহলে আপনার সেটা করা উচিত নয়, কারণ তাতে আপনার সম্পর্কে অন্যেরা খারাপ ধারণা মনে রাখবেন যদি আপনার বক্তৃতাটি ততটা ভাল না হয়।

সমালোচনা :

অনেক বক্তাই চান যে লোকেরা তাঁদের সমালোচনা করুন। একটি উপযুক্ত, গঠনমূলক সমালোচনা একজন বক্তাকে তার ভুলত্রুটিগুলি জানতে সাহায্য করে। কিন্তু অনেকেই সমালোচনা জিনিসটিকে খারাপ অর্থে নিয়ে থাকেন এবং কাউকে সমালোচনা করাটাও পছন্দ করেন না। আমি বিশ্বাস করি, বক্তার ভুলভ্রান্তিগুলি তাঁকে জানানো উচিত যাতে

সে নিজেকে সংশোধন করতে পারে। তবে আমাদের এই ব্যাপারটাও মাথায় রাখতে হবে যে, অনেকেই কিন্তু নিজের সমালোচনা ইতিবাচক ও গঠনমূলক পথে গ্রহণ করতে পারেন না এবং তাতে অসন্তুষ্ট হন। একজন শিক্ষক তাঁর ছাত্রদের সমালোচনা করতে পারেন অথবা একজন মালিক তাঁর কর্মচারীদের সমালোচনা করতে পারেন কিন্তু সমস্যাটা সেখানেই হয় যেখানে উভয়ই একই স্তরে বিরাজমান। কখনও এমন সময়ও আসে যখন শ্রোতাদের সমালোচনা করতে হয় আপনাকে। সেইক্ষেত্রে, আমার মতে, আপনাকে ভদ্র ভাষায় বিনম্রভাবে আপনার বক্তব্য পেশ করা উচিত। এই সব পরিস্থিতিতে বক্তা কিভাবে সেটিকে উপস্থাপন করছেন, কিরকম ভঙ্গিমায় তা পেশ করছেন, বক্তার শরীরী ভাষা কেমন, সেগুলি ভীষণ গুরুত্বপূর্ণ ভূমিকা পালন করে থাকে, কারণ, এটা হতেই পারে যে, শ্রোতারা বক্তার সমালোচনায় অসন্তুষ্ট বোধ করছেন। পরিস্থিতির ভারসাম্য বজায় রাখার জন্য কখনও কখনও আপনাকে তাদের প্রশংসাও করতে হবে।

বক্তার মেজাজ :

একজন বক্তার মেজাজ তার রাগের ওপর প্রত্যক্ষভাবে প্রভাবশালী। বক্তৃতা দেওয়ার সময় বিভিন্ন ধরনের শ্রোতার সামনা-সামনি হতে হয় একজন বক্তাকে। অনেক সময় দেখা যায়, বক্তৃতার সময় একাধিক লোক নানান সমস্যার সৃষ্টি করেন এবং বক্তাকে অনর্গল লোক প্রশ্ন করতে থাকেন। এইরকম পরিস্থিতিকে যথোচিতভাবে সামলানোর মত ক্ষমতা থাকতে হবে একজন বক্তার মধ্যে। সেই সময় বক্তার যদি সহ্যের সীমা পেরিয়ে যায়, তখন কিন্তু এটা স্পষ্ট হয়ে যায় যে তাঁর নিজের ওপর নিয়ন্ত্রণ নেই। আমি অনেক বক্তাকেই দেখেছি, শ্রোতারা যদি প্রশ্ন জিজ্ঞাসা করেন, তখন তাঁরা সহজেই বিরক্ত হয়ে যান এবং চেঁচামেচি শুরু করে দেন। তাঁদের কিন্তু কখনই সফল বক্তা বলা যায় না। সেই বক্তা যদি পরের দিন এসে নিজের ভুল স্বীকার করে ক্ষমা চেয়েও যান, তাতেও কিছু লাভ হয় না, কারণ সেটা সেই এক মুহূর্তের একটা ঘটনা ছিল। একবার দর্শকদের সামনে আপনার স্বমূর্তি প্রতিষ্ঠা করার পরে আপনার কাছে সেটা পরিবর্তন করার আর কিছু উপায় থাকে না। আপনার নিজের

ওপর সেই নিয়ন্ত্রণটা থাকা উচিত। মনস্তত্ত্ববিদেরা বলে থাকেন, রাগ যদি ভিতরে পুষে রাখা হয় তাহলে তা শরীর ও মনের ওপর হানিকারক হয়ে দাঁড়ায় এবং তাই রাগকে সবসময় বের করে দেওয়াই উচিত। তবে আমার মতে, সেটা শ্রোতাদের সামনে বক্তৃতা দেওয়ার সময় না করে যখন একা থাকবেন তখন করাই ঠিক হবে। রাগের ওপর নিয়ন্ত্রণ আনার জন্য 'শবাসন' করতে পারেন। তৈলাক্ত ও মশলাদার খাবার আপনার জন্য খুবই সুস্বাদু হতে পারে। কিন্তু শরীরের পক্ষে হানিকর। রাগ হলে প্রচুর শারীরিক ও মানসিক শক্তি অপচয় হতে থাকে। সেই শক্তিকে বাঁচিয়ে রাখুন এবং রাগকে নিয়ন্ত্রণ করে সেই শক্তিকে ইতিবাচক কাজে ব্যয়িত করুন। একবার যদি আপনি আপনার রাগ নিয়ন্ত্রণে আনতে পারেন, তাহলে আপনার কাজটি অনেক সহজ হয়ে যাবে।

প্রশংসা :

প্রত্যেক মানুষই তাঁর সম্পর্কে এবং তাঁর কাজের সম্পর্কে সবসময় প্রশংসা শুনতেই পছন্দ করেন। তাই, যখন কেউ এমন কোনো কাজ করেন সেটা প্রশংসনীয়, সেটা সবসময় প্রশংসা করাই বুদ্ধিমানের কাজ। প্রশংসা করার মতো পরিস্থিতিতে থাকলে প্রশংসা না করে থাকবেন না। ভালো কাজের জন্য সঠিক সময়ে প্রশংসা করলে তা অনবদ্য ফল দেয় এবং মানুষকে আরো অনুপ্রাণিত করে। শ্রোতাদের বক্তব্য যদি যথোচিত হয়, তাহলে বক্তা হয়ে শ্রোতাদের প্রশংসা করাটা অবশ্যই উচিত। সেনারা প্রশংসনীয় কাজ করলে সেনাপতির উচিত সেটা সবসময় প্রশংসা করা।

বাস্তবতা বজায় রেখে বক্তব্য পেশ করা :

সর্বদা বাস্তবতা বজায় রেখেই বক্তব্য পেশ করা উচিত। আপনি অথবা আপনার বক্তব্য শ্রোতাদের দ্বারা কখনই প্রশংসিত হবে না যদি আপনাকে স্বাভাবিক এক বক্তার থেকেও কোনো যন্ত্রচালিত বস্তু বলে বেশী মনে হয়ে থাকে শ্রোতাদের। শ্রোতারা সবসময় চান বক্তা যেন তাঁদের অনুভূতিগুলি বোঝেন। শ্রোতাদের এটা বুঝতে দেওয়া

উচিত যে তাঁদের এবং বক্তার উভয়েরই দৃষ্টিভঙ্গি এক। যদি আপনার বক্তৃতার মধ্যে কোনো এক জায়গায় আপনি একটি নাম ভুল বলে থাকেন এবং শ্রোতাদের মধ্যে কেউ সেটা সংশোধন করিয়ে দেন, তাহলে বিরক্ত হওয়ার পরিবর্তে আপনার উচিত হবে তাঁর এই কাজের জন্য তাঁকে প্রশংসা করা কারণ এর থেকে এটা পরিষ্কারভাবে বোঝা যায় যে তিনি মনোযোগ সহকারে আপনার বক্তব্য শুনছিলেন। শ্রোতাদের প্রশংসা করলে শ্রোতারাও কিন্তু বক্তার প্রশংসা করেন। সত্যি বলতে কি, আমি বলব, আপনার বক্তৃতার মধ্যে খুব ছোট দু-একটা ভুল রেখে দিতে, যা আপনাকে শ্রোতাদের আপনার বক্তৃতার মধ্যে ঢুকে থাকতে সাহায্য করবে। আপনার উচিত আপনার বক্তৃতার মধ্যে আপনার শ্রোতাদেরও নিজেদের বক্তব্য রাখার মতো সুযোগ করে দেওয়া। বক্তব্যের মধ্যে কোনো গল্পের কোথাও ছোট্ট একটা ভুল করে আপনার লজ্জিত হওয়ার কোনো কারণ নেই। উপরন্তু, এইরকম কোনো গল্প খুবই সুন্দরভাবে বলা উচিত যাতে শ্রোতাদের মনে হয় যেন আপনি এই গল্পটি বলছেন কারণ আপনি চাননা শ্রোতাদেরও সেই একই ভুল হোক। এইপ্রকার পরিস্থিতিতে শ্রোতারা আরও বেশী আপনার বক্তৃতার সঙ্গো নিজেদের ঘনিষ্ঠ হয়ে থাকাটা ভালভাবে উপলব্ধি করেন।

স্পৃহা, আগ্রহ ও উদ্দীপনা :

এই জিনিসটা প্রত্যেকটি কাজেই প্রয়োজন। বক্তাকে যদি আগ্রহী না মনে হয়, তাহলে শ্রোতারা কখনই তাঁর বক্তৃতায় কোনো আকর্ষণ অনুভব করবেন না। আপনাকে এমনভাবে নিজেকে পেশ করতে হবে শ্রোতাদের সামনে যাতে শ্রোতাদের মনে হয় আপনি প্রচণ্ড উদ্দীপনা ও উৎসাহে ভরপুর।

আবার, বক্তাকে যদি মঞ্চে এমনভাবে ডাকা হয় যা একটু চমকপ্রদ, তাহলে শ্রোতারা খুব ভালোভাবে সাদরে বক্তাকে অভ্যর্থনা করে থাকেন বা গ্রহণ করে থাকেন। শ্রোতাদের এই উৎসাহ বক্তাকে ভালোভাবে বক্তৃতা দেওয়াতে উদ্দীপিত করে। তাই বক্তা হিসাবে আপনাকে সঠিক সময়ে মঞ্চে আসতে হবে যখন আপনার মনে হবে শ্রোতারা আপনাকে মঞ্চে দেখার জন্য প্রস্তুত।

বক্তৃতায় যদি শ্রোতারা উৎসাহী হয়ে থাকে, তাহলে বক্তা হয়ে নিজেকে আপনি আংশিকভাবে সফল মনে করতে পারেন।

খুব কম সময়েই দেখা যায় যে একটি অতি সাধারণ বক্তৃতাও শ্রোতারা শুনছেন; এটা হয়ে তাকে যদি বক্তা খুব ভালোভাবে তার বক্তৃতা পেশ করেন। সুতরাং বক্তৃতার বিষয়বস্তু সম্বন্ধে বক্তাকে যথেষ্ট খেয়াল রাখতে হবে কারণ, বিষয়বস্তু যদি আকর্ষণীয় না হয় তাহলে বক্তার পক্ষে তা ভালভাবে পেশ করাও সম্ভব হবে না।

বক্তৃতার মধ্যে আপনি যদি বেশীমাত্রায় আপনার নিজের সুখ্যাতি করতে শুরু করেন, তাহলে শ্রোতাদের কাছে আপনার বক্তৃতা একঘেঁয়ে হয়ে যাবে। যাঁরা নিজেদের এভাবে সুখ্যাতি করে থাকেন সকলের কাছে, তাঁরা হয়তো কোনো কোম্পানির ম্যানেজার হবে নতুবা কোনো জিনিসের প্রস্তুতকারক। কিন্তু আমি বলব সেগুলো তেমন কাজের কাজ কখনই নয়। তাই, নিজের প্রশংসা করা একজন ভাল বক্তাকে মানায় না। আমি যেগুলো বলছি সেগুলো বিক্রেতাদের জন্য প্রযোজ্য নয়, বক্তাদের জন্যই কেবলমাত্র প্রযোজ্য। বক্তা তার নিজস্ব পরিকল্পনা বিক্রি করে থাকেন কিন্তু বিক্রেতারা তাদের দ্রব্য। সর্বদা আমাদের শ্রোতাদের কথা শোনা উচিত। শ্রোতাদের থেকে সাদর অভ্যর্থনা পেতে গেলে, এইভাবে আপনি আপনার বক্তব্য সাজাতে পারেন :

আপনি এই বলে বাক্য শুরু করতে পারেন—"আপনারা সমর্থন করবেন যে" অথবা "আপনারা বুঝতে পারবেন যে" বা "আপনারা সবাই জানেন যে"। আবার "আপনারা" না বলে সেখানে "আমরা" বলেও বলতে পারেন। যেমন, একটি উদাহরণ হিসাবে বলি—"আমাদের সেটা চেষ্টা করা উচিত"।

একবার মঞ্চে ওঠার পর আমাদের অন্য কোনো জিনিস মাথায় না রেখে শুধুমাত্র ভাল ও প্রভাবশালী বক্তৃতা পেশ করার ওপরেই মনোনিয়োগ করতে হবে যাতে তা শ্রোতাদের কাছে প্রচণ্ড আগ্রহের কারণ হয়ে দাঁড়ায়। বক্তৃতা দেওয়ার এই কলাকৌশলে পারদর্শিতা অর্জন করার জন্য বেশ খানিকটা সময় লাগতে পারে কিন্তু আমাদের খুব ভালো বক্তা হওয়ার জন্য সবসময় চেষ্টা চালিয়ে যাওয়া উচিত, কারণ আজকালকার দুনিয়ায় মানুষেরা "খুব ভালো ছাড়া কিছু চায় না। আপনি যদি "খুব ভালো" হন, তবেই আপনি সফল বক্তা হওয়ার যোগ্য হয়ে উঠবেন।

সফল এবং সহজ বক্তব্য

কে না সফল হতে চায়? কিন্তু এমন অনেক মানুষই আছেন যাঁরা নিজেদের অলসতার জন্য সফলতা অর্জন করতে সক্ষম হননি। আমি বিশ্বাস করি, আপনারা জীবনে সফলতা অর্জন করার প্রতি দৃঢ়-প্রতিজ্ঞ। বক্তব্য তৈরী করার আগে আপনাকে আপনার বিষয়বস্তু ও পারিপার্শ্বিক পরিস্থিতিকে বেশ ভালো করে জেনে নিতে হবে আর শ্রোতারা আপনার থেকে কি আশা করছেন সেটা সম্বন্ধে অবহিত থাকা উচিত।

বক্তৃতা দেওয়ার আগে আপনার নির্দিষ্ট শ্রোতাদের ভালো করে জেনে নেওয়া উচিত।

১. আপনার শ্রোতারা পুরুষ নাকি মহিলা, সেটা জেনে নেওয়া প্রয়োজন। আপনার শ্রোতাদের সেখানে কাজ কীধরনের। প্রাপ্ত-বয়স্ক ও কমবয়সী শ্রোতাদের মধ্যে মতের এবং পছন্দের তারতম্য থাকে।

২. আপনি বক্তব্য সম্বন্ধে জ্ঞাত থাকলে শ্রোতারা আপনার বক্তব্য বুঝবেন। বিষয়বস্তুর গভীরে ঢোকার জন্য আপনি কিছু যান্ত্রিক শব্দের প্রয়োগ করতে পারেন। তবে, যদি আপনার শ্রোতারা বিষয়টি বুঝতে না পারেন, তাহলে আপনাকে সহজ-সরল ভাষা প্রয়োগ করে তাদের বোঝাতে হবে।

আপনার বক্তৃতা কতক্ষণের হবে সেটা আপনার জানা উচিত। আপনার বক্তৃতা শোনার জন্য শ্রোতারা হয়তো অনেকক্ষণ অপেক্ষা করে থাকবেন। তাই, আপনার বক্তৃতায় কি কি মূল বিষয় থাকবে সেগুলি শ্রোতাদের জানিয়ে দেওয়া উচিত। মূলত: আপনার বক্তৃতায় কোনো প্রশ্ন-আলোচনার সময় নির্ধারণ করা আছে কিনা, সেটা শ্রোতাদের বলে দেওয়া উচিত। বক্তৃতায় শেষ পর্যায় আপনাকে এই প্রশ্ন আলোচনার পর্যায়টি রাখতে হবে যদি শ্রোতারা আরও বেশী আপনার বক্তব্যে নিজেদের নিযুক্ত রাখতে চান। এটা আপনি তখনই করতে পারেন যখন আপনার বিষয়বস্তুটির ওপর সম্যক জ্ঞান থাকবে। শ্রোতাদের মধ্যে কেউ যদি পারস্পরিক আলোচনা পর্যায়ে কোনো অতিরিক্ত তথ্য দিয়ে থাকেন, তবে আপনার তাকে ধন্যবাদ দেওয়া উচিত। যদি সেই আলোচনা-পর্বের অধিকাংশ প্রশ্নের উত্তর দিতে সক্ষম হন আপনি, তাহলে আপনি সত্যিই একজন সফল বক্তা। শ্রোতারা আপনাকে সর্বদাই অভ্যর্থনা জানাবেন।

বক্তব্যের মধ্যে উপযুক্ত ও সহজ ভাষা প্রয়োগ করতে চেষ্টা করবেন। হতে পারে আপনি কঠিন ভাষা প্রয়োগে পারদর্শী, কিন্তু আপনার শ্রোতারা কঠিন ও দুর্বোধ্য ভাষার ব্যবহারে বিরক্ত বোধ করতে পারেন। ছোট বাক্য গঠন করুন। লম্বা বাক্য আপনার বক্তৃতায় ব্যাঘাত ঘটাতে পারে। আপনার বক্তব্যের মূল ধারা বুঝতেই যদি শ্রোতাদের অনেক সময় লেগে যায়, তাহলে সেটা বক্তার পক্ষে ভালো নয়। আপনাকে আপনার বিষয়বস্তুর সম্পর্কিত সঠিক শব্দ প্রয়োগের ওপর ভাল জ্ঞান রাখতেই হবে। যদি হিন্দি ভাষায় কথা বলে থাকেন , তাহলে বক্তার হিন্দি ভাষার ওপর ভাল দখল থাকতে হবে, কিন্তু সেটা যথেষ্ট নয়। উর্দু ভাষা আপনার বক্তব্যে সেই আলাদা একটা রস এনে দেবে যা একঘেয়েমি দূর করতে পারে।

বক্তব্য পেশ করা :

নির্দিষ্ট সময়ে আপনার বক্তব্যে যে মেজাজ থাকা উচিত, আপনার ভাবাবেগগুলিরও সেই একই মেজাজ চিত্রিত করা দরকার। যদি কোন দুঃখজনক ঘটনা বলছেন আপনি

তাহলে আপনার মুখে সেই দুঃখজনক ভাব ফুটিয়ে তোলা উচিত। বক্তব্যকে প্রাণবন্ত করে তোলার জন্য আপনার শারীরিক ভঙ্গিমার সঠিক প্রয়োগ ভীষণভাবে গুরুত্বপূর্ণ। বলার সময়ে, বাক্যের মধ্যে উপযুক্ত জোর এবং স্বল্প-বিরতি দেওয়া প্রয়োজন। এটা আপনার বক্তব্যকে বানায় আরও বেশী উদ্যমশীল, বোধগম্যশীল এবং ফলপ্রদ। আপনি অনেককেই দেখে থাকবেন যারা কোনো কথা বলার সময় তাদের হাত নাড়তে থাকেন কিন্তু অপর প্রান্তের ভদ্রলোক তাকে দেখতে পাননা। আপনি কি কখনও এটা ভেবেছেন যে তারা এটা কেন করেন? তারা এটা করেন তার কারণ—হাতের চালনা আপনার কণ্ঠস্বরের সঠিক বহিঃপ্রকাশ ঘটাতে ভীষণভাবে সাহায্য করে। তাই আমরা যখন আমাদের বন্ধু বা আত্মীয়স্বজনদের সঙ্গো কথা বলি তখন স্বয়ংক্রিয়ভাবে আমাদের হাতও চলতে থাকে যেন কথাগুলি বা বিষয়টি আমাদের অন্তর থেকে আসছে। আপনার কণ্ঠস্বর, সেখানে উপস্থিত সকল শ্রোতার কাছে জোরে এবং পরিষ্কার হওয়া চাই। হতে পারে আপনার কাছে খুব ভাল একটা বিষয়বস্তু আছে বা আপনার সেটির ওপর সম্যক জ্ঞানও আছে, কিন্তু আপনার বক্তব্য যদি স্পষ্ট না হয়, আপনার শ্রোতারা আপনার বক্তব্য বোঝবার জন্য খুব বেশী চেষ্টা করবেন না। তারা বিরক্ত বোধ করবেন। 'বিবিধ ভারতী'-র সেই খ্যাতনামা সঞ্চালক আমিন সায়ানী-র নাম শুনে থাকবেন আপনারা। তার কণ্ঠস্বরটি ভীষণ আকর্ষনীয় ছিল। এমনকি আজকের দুনিয়ায়, কেব্‌ল্ টেলিভিশনের যুগে, মানুষ তার অনুষ্ঠানগুলি শোনে। অনেক রাজনৈতিক নেতারাও ভাল বক্তা হ'ন।

আমাদের দেশ হল ধর্মনিরপেক্ষ দেশ। যেখানে সব ধর্মের লোকেরা বাস করেন। তাই, বক্তব্য রাখার সময় বক্তা যেন কোনো ধর্মের ভাবানুভূতির ওপর আঘাত না করেন সেই সম্বন্ধে নিশ্চিত থাকতে হবে।

ক্যাসেটে রেকর্ড করেও আপনি আপনার বক্তৃতা পেশ করার গুণমান উন্নত করতে পারেন। আপনি যখন একা থাকবেন, তখন এটা চর্চা করার চেষ্টা করুন। মনে করুন, আপনি শ্রোতাদের সামনে বক্তৃতা দিচ্ছেন। রেকর্ড করা বক্তৃতাটি শুনুন এবং আমি

নিশ্চিতভাবে বলতে পারি যে, আপনার কণ্ঠস্বরে কি কি পরিবর্তন আনতে হবে সেটা আপনি অনুভব করতে পারবেন। ভেতর থেকে বলার চেষ্টা করুন। এটা করলে, আপনার বক্তব্য আরও বেশী পূর্ণতা লাভ করবে এবং কার্যকর ও আকর্ষণীয় হয়ে উঠবে।

নিজের অভিজ্ঞতার ব্যবহার :

শ্রোতারা এমন বক্তৃতা শুনতে পছন্দ করেন যেটা বক্তার জীবনের কোন ঘটনার ওপর ভিত্তি করে বলা, কারণ তখন সেই বক্তৃতাটি বক্তা প্রচণ্ড আবেগ দিয়ে বলেন এবং সেটি ভীষণ উদ্যমশীল হয়ে ওঠে। যদিও অনেক বক্তাই ভেবে থাকেন যে নির্দিষ্ট নির্দেশাবলী অনুযায়ী বক্তব্য পেশ করাই ভালো। যার কারণে বক্তা না তো শব্দ সঠিকভাবে উচ্চারণ করতে পারেন, না ভালোভাবে বক্তব্য পেশ করতে পারেন। প্রত্যেক বক্তাই বিষয়বস্তুর সম্বন্ধে নতুন কোনো তথ্য দিতে চান। যাঁরা সেটা পারেন না তাঁরাই অসফল রয়ে যান। তাই আমি বলব আপনারা নিজেদের অভিজ্ঞতার কথা বক্তব্যে রাখুন। এটা আপনাদের বক্তৃতাকে আরও বেশী প্রাণবন্ত ও মনগ্রাহী করে তুলবে। আপনার জীবনের সাথে জড়িয়ে থাকা কোনো কিছু বলার মধ্যে যে উদ্দীপনা থাকবে, তা আপনার বক্তৃতাকে অনেক বেশী ফলদায়ী ও মর্মস্পর্শী করে তুলবে। প্রত্যেক মানুষই অপরের থেকে আলাদা এবং তাই প্রত্যেকেরই একটা নিজস্ব স্বাধীন দৃষ্টিভঙ্গি আছে। আমরা যখনই কোনো ব্যক্তির সঙ্গে কথা বলি, হতে পারে সে শিক্ষিত বা নিরক্ষর কেউ, কিন্তু তার থেকেও জ্ঞান পেয়ে থাকি। আমি এটাই বলতে চাই যে, যদি আপনার বক্তব্যে আপনার জীবনের অভিজ্ঞতা প্রোথিত করেন, তাহলে আপনি ভালো বক্তৃতা পেশ করতে পারেন। কখনও কখনও ভাল বক্তাও ভালোভাবে বক্তৃতা পেশ করতে সক্ষম হন না কারণ বিষয়বস্তুটি তিনি ভালো করে রপ্ত করেন নি। সুতরাং যদি আপনার মনে হয় যে আপনার বিষয়বস্তুটি যথেষ্ট মনগ্রাহী নয়

অথবা আপনি বক্তৃতার জন্য ভালোভাবে প্রস্তুত নন, তাহলে আপনার বক্তৃতা পেশ করা উচিত নয়। প্রত্যেকবার মঞ্চে ওঠার সময়ে নিজেকে নিজে প্রশ্ন করুন যে শ্রোতারা কেন আপনার বক্তব্য শুনতে চাইবেন।

শ্রোতাদের স্মৃতিশক্তি একটু আলাদা ধাঁচের হয়। আপনার গুণগুলি তারা খুব দ্রুত ভুলে যাবেন। কিন্তু আপনার ছোটোখাটো সমস্ত ভুলত্রুটি তারা মনে রাখবেন। সুতরাং, আমার মতে, বছরে দশটি সাধারণ মাপের বক্তৃতা দেওয়ার থেকে বছরে তিন-চারটি ভাল বক্তৃতা দিন। আরেকটি জিনিস আমি আপনাদের বলব, ভাল বক্তা হওয়ার জন্য ধনী হওয়া জরুরী নয়। অনেক ধনী ব্যক্তি তাদের যোগাযোগের মারফৎ অনেক লোকের সামনে যাওয়ার সুযোগ পেয়ে থাকেন কিন্তু বিশ্বাস করুন, বক্তারা অপেক্ষা করতে থাকেন কখন তাদের বক্তৃতা শেষ হবে, তার জন্য। শ্রোতারা এমনকি বক্তৃতার মাঝখানেও হাততালি দিয়ে ওঠেন সেটা আমি মনে করি বক্তার পক্ষে সবথেকে কঠিন পরিস্থিতি হয়ে দাঁড়ায়।

আপনি যখন চাইবেন, তখনই ঠিক শ্রোতারা হাততালি দেবেন। তারজন্য আপনাকে আপনার বিষয়বস্তুটি পুরো বুঝতে হবে এবং একটা ভালো বক্তৃতা তৈরী করতে হবে। এটা করলে আপনি আরও বেশী কার্যকর বক্তৃতা পেশ করতে সক্ষম হবেন। শ্রোতারা আপনার কাজ নিশ্চয়ই পছন্দ করবেন।

বিষয়বস্তুটি নিয়ে আপনি যখন কয়েকদিনের জন্য বসে ভাববেন, তখন আপনি চমৎকার এবং সহজাত কিছু ধারনা পাবেন। শ্রোতারা আপনাদের সেই চিন্তাধারাগুলি সাদরে গ্রহণ করবে কারণ সেগুলি নতুন এবং অভিনব। উদাহরণ দেওয়া যাক, আপনি আপনার শহরে একজন শ্রদ্ধেয় ও সর্বজনস্বীকৃত মানুষ এবং আপনার এলাকার মধ্যে বিদ্যালয়ের একটি নতুন বাড়ী উদ্বোধনের জন্য আপনি নিমন্ত্রিত হয়েছেন। সেই সূত্রে আপনাকে সেখানে বক্তৃতা দিতে হবে। যে বিষয়গুলির ওপর জ্ঞান থাকা উচিত সেগুলি নীচে উক্ত করা হল:

১. বিদ্যালয়টি কবে থেকে চালু হয়েছিল?

২. বিদ্যালয়ের পুরোনো বাড়ীটি কবে উদ্বোধন করা হয়েছিল?

৩. সেই বিদ্যালয়ে পড়েছেন এরকম কিছু নামী গুণী মানুষের নাম জেনে রাখা উচিত।

৪. নতুন বাড়ীটি বানাতে কর্তৃপক্ষের কত সময় লেগেছে?

৫. কি কি প্রকারের সমস্যার সম্মুখীন হতে হয়েছে বিদ্যালটিকে।

৬. যদি কোনো প্রতিকূল ঘটনা ঘটে থাকে, সেটার সম্বন্ধে বিশদে জেনে রাখা উচিত।

৭. বিদ্যালয়টি বানানোর জন্য কাদের কাদের অবদান আছে?

আপনার বক্তৃতাটি অনেক ভালো ও আকর্ষনীয় হয়ে উঠবে যদি তাতে এইসব তথ্যাদি থাকে। আপনার মাথায় যা কিছু চিন্তা আসবে সেগুলো সবসময় লিখে রাখবেন। আপনি পরে সেগুলোকে একসাথে করে একটা ভালো কার্যকর বক্তৃতা বানিয়ে নিতে পারেন। বক্তার কাছে শ্রোতাদের উৎসাহটা ধরে রাখা ভীষণ গুরুত্বপূর্ণ।

আপনি এতক্ষণে বোধহয় বুঝতে পেরেছেন যে বক্তৃতা হল একগুচ্ছ তথ্য এবং চিন্তাধারার সমন্বয়। বক্তৃতায় শুধু আপনার এবং অপরের সম্বন্ধে চিন্তা এবং তথ্য থাকতে পারে। এই প্রাপ্ত অনুসন্ধানগুলিকে আপনি আপনার ভাষায় রূপ দিতে পারেন। কিন্তু ভাষণের অন্তিমপর্বে যে বক্তৃতাটি দিতে যাচ্ছেন, দেখতে হবে আপনি কী ধরণের বক্তৃতা দিতে যাচ্ছেন। যেমন—

১. তথ্য সমৃদ্ধ বক্তৃতা।

২. ব্যাখ্যামূলক বক্তৃতা।

৩. উৎসাহব্যঞ্জক বক্তৃতা।

৪. স্বাগত-সম্ভাষণ বক্তৃতা।

তথ্য সমৃদ্ধ বক্তৃতা :

একটি তথ্য সমৃদ্ধ বক্তব্য কোন বিশেষ বিষয়ের বক্তৃতা রাখার মতোই। এখানে বক্তা শ্রোতাদের সামনে নতুন নতুন তথ্য উপস্থাপন করে থাকেন। আমাদের দেশে তথ্য-সমৃদ্ধ বক্তৃতাগুলির নিজেদের আপন-আপন গুরুত্ব আছে। বড় বড় শিল্পে তাদের পণ্যগুলিকে বাজার-লব্ধ করার জন্য ক্রেতাদের তাদের পণ্যের গুণাগুণ জানতে হয়। একটি কোম্পানির বিক্রয়-প্রতিনিধি তার বক্তৃতাশৈলি দ্বারা ক্রেতাদের আকৃষ্ট করেন এবং পণ্য বিক্রয় করে থাকেন। কোম্পানির ম্যানেজারদেরও ভালো বক্তা হওয়ার গুণ থাকা দরকার। কারণ নতুন পণ্য বাজারে আনার পূর্বে তার সম্পূর্ণ তথ্য বিক্রয়-প্রতিনিধিদের বোঝাতে হবে।

তথ্যসমৃদ্ধ বক্তৃতা দেওয়ার সময় আপনাকে কয়েকটি প্রয়োজনীয় জিনিস মনে রাখতে হবে। যেমন :

১. বক্তৃতা দেওয়ার সময় অত্যন্ত সরল ভাষা প্রয়োগের কলাকৌশল। শ্রোতাদের সামনে বক্তৃতা রাখার কলাকৌশলগুলি যেন অত্যন্ত সহজ ও সরল হয়। যে-কোনো যান্ত্রিক শব্দ শ্রোতাদের একঘেয়েমির সৃষ্টি করে।

২. এই বক্তৃতায় শুধুমাত্র বিশেষ বিশেষ জিনিসের উপর জোর দিন যাতে শ্রোতাদের জানার চাহিদা আরও বৃদ্ধি পায়।

৩. আপনি কখনই আপনার জীবনের অনেক বছরের অভিজ্ঞতা দশ বা কুড়ি মিনিটের মধ্যে শেষ করতে পারেন না। সেইজন্য আপনি যে কোনো একটি বিশেষ বিভাগ নির্বাচন করে তার সম্পূর্ণ তথ্যাদি শ্রোতাদের সামনে উপস্থাপন করুন।

৪. শ্রোতারা যাতে আপনার বক্তৃতার প্রত্যেকটি অংশ ঠিক ঠিক বুঝতে পারে তার দায়িত্বও আপনার।

৫. আপনার বক্তৃতা তথ্য-সমৃদ্ধ হওয়া সত্ত্বেও যদি চিত্তাকর্ষক না হয় তবে শ্রোতারা

গ্রহণ করবে না। তাই আপনার বক্তৃতাকে চিত্তাকর্ষক করে তোলার জন্য আপনি আপনার বিষয়কে একটু আলাদা করতে পারেন।

৬. আপনার বক্তৃতার শেষে আপনি অবশ্যই প্রয়োজনীয় অংশগুলির পুনরাবৃত্তি করবেন, কারণ এটি আপনার বক্তৃতার বিষয়টি শ্রোতাদের বুঝতে সাহায্য করবে।

উৎসাহব্যঞ্জক বক্তৃতা :

উৎসাহব্যঞ্জক বক্তৃতার উদ্দেশ্য হল আপনার শ্রোতাদের মধ্যে বিষয়টি সম্বন্ধে উৎসাহ ও ভালোলাগা জাগানো। শ্রোতারা যেসব কাজ করতে পিছিয়ে আসেন, আপনার এই বক্তৃতা সেই কাজ করতে উৎসাহ জোগায়। যদিও উৎসাহব্যঞ্জক বক্তৃতা প্রদান একটি কঠিন কাজ তবুও আপনি আপনার কঠোর পরিশ্রম ও অধ্যাবসায় দিয়ে তাকে সার্থক করতে পারেন।

উৎসাহব্যঞ্জক বক্তৃতা দেওয়ার সময় আপনাকে কয়েকটি জিনিস মাথায় রাখতে হবে :

১. এই বক্তৃতা দেওয়ার সময় আপনাকে উৎসাহব্যঞ্জক কোনো ঘটনার বিবরণ দিতে হবে।

২. আপনার দেওয়া এই বক্তৃতার বিবরণ যেন সত্য হয় ও ঠিকঠাক থাকে।

৩. শ্রোতারা যেন বুঝতে পারেন আপনার এই বক্তৃতায় তারা লাভবান হচ্ছেন।

ব্যাখ্যামূলক বক্তৃতা :

এই বক্তৃতা কোনো জিনিস বা বিষয়ের উপরে দেওয়া হয়ে থাকে। যদি বক্তৃতার বিষয়টি সম্বন্ধে আপনার বিশেষ জ্ঞান থাকে তবে এই জাতীয় বক্তৃতা হল সবচেয়ে সোজা। এই ধরনের বক্তৃতা দেওয়ার সময় আপনাকে কয়েকটি জিনিস মনে রাখতে হবে :

১. এই ধরনের বক্তৃতায় আপনার বক্তব্যের বিষয়বস্তু এমন হবে যাতে শ্রোতাদের মনে আগ্রহ বাড়ে, না হলে শ্রোতারা আপনার দেওয়া বক্তৃতা ভুলে যেতে পারেন।

২. আপনি যদি আপনার শ্রোতাদের মনস্তত্ব বুঝতে পারেন, তবে আপনার বক্তৃতা অবশ্যই শ্রোতাদের মনে ছাপ ফেলবে।

৩. এই ধরনের বক্তৃতা নাতিদীর্ঘ হওয়া উচিত। কেন না, শ্রোতারা এই ধরনের বিষয় সম্বন্ধীয় বক্তৃতা 10-15 মিনিটের বেশী শুনতে চাননা।

আহ্বানমূলক বক্তৃতা :

আহ্বানমূলক বক্তৃতাকে সাধারণতঃ কোনো বক্তৃতার প্রারম্ভিক সূচনা হিসাবে মনে করা হয়। এই বক্তৃতায় আপনি বিশেষ পরিচিত কোনো ব্যক্তি সম্বন্ধে বক্তৃতা শুরু করেন। সেইজন্য এই ধরনের বক্তৃতা রাখার সময় কয়েকটি বিষয় আপনাকে মনে রাখতে হবে। যেমন :

১. যে ব্যক্তির সম্বন্ধে আপনি বলছেন তাঁর সম্বন্ধে আপনার কাছে সব তথ্য থাকা আবশ্যিক।

২. শ্রোতাদের মধ্যে উপস্থিত ব্যক্তির দিকে তাকিয়ে অনেক বক্তারা বক্তৃতা রাখেন যাতে শ্রোতারা বুঝতে পারেন বক্তা উপস্থিত কোনো বিশেষ ব্যক্তি সম্বন্ধে বক্তৃতা রাখছেন।

৩. আপনার বক্তৃতা যেন সংক্ষিপ্ত অথচ জোরালো ও উৎসাহব্যঞ্জক হয়।

৪. আপনি এই ধরনের বক্তৃতায় কিছু প্রবাদবাক্য এবং ছোট ছোট কবিতাও বলতে পারেন। বক্তৃতার সাফল্য তিনটি বিষয়ের উপর নির্ভর করে। যেমন : বক্তা, বক্তৃতার ধরণ ও শ্রোতৃমণ্ডলী।

প্রথম দুটি ধাপে বক্তা ও বক্তৃতাটি উপস্থাপিত হয় কিন্তু তৃতীয় ধাপে বক্তা তার বক্তৃতা শোনার আগ্রহ জাগিয়ে তোলেন। এই বক্তৃতার সাফল্য শুধুমাত্র বক্তার জ্ঞানের উপর নির্ভর করেনা পরোক্ষে শ্রোতাদের উপর নির্ভরশীল। শ্রোতারা যেন বুঝতে পারেন বক্তৃতার বিষয়টি তাদের পক্ষে অত্যন্ত জরুরী। বক্তৃতার ভাব ও উৎসাহ শ্রোতাদের মধ্যে জাগিয়ে তুলুন। ভাল বক্তারা সবসময় চান তার বক্তৃতাটির জন্য তার যেমন অনুভূতি শ্রোতারা যেন সেই অনুভূতি নিয়ে বক্তৃতাটি শোনেন। বক্তার বক্তৃতার বিষয়টির উপরে শ্রোতাদের যেন সমান মতাদর্শ থাকে। একজন ভাল বক্তা সবসময় চান যেন তার শ্রোতারা তৃপ্ত হ'ন। তিনি নিজের জীবনের উপলব্ধি ও অভিজ্ঞতা অবশ্যই শ্রোতাদের মধ্যে ভাগ করে দেবেন। বক্তা শুধ নিজেকে সন্তুস্ট না করে শ্রোতাদের সন্তুষ্টির চেষ্টা করবেন। শ্রোতাদের উপরেই বক্তৃতার সাফল্য নির্ভর করে।

বক্তৃতা দেওয়ার অভ্যাস করা :

আপনি কয়েক মিনিট ধরে কোনো একটি বিষয়ের উপর ক্রমাগত বক্তৃতা দেওয়া শুরু করবেন। কখনও চিন্তা করবেন না যে, আপনার বক্তৃতা ঠিক না ভুল হচ্ছে। আপনি যদি কোনো বিষয়ের উপর 1 বা 2 মিনিট বক্তৃতা দিতে পারেন তবে আপনি সহজেই একজন ভাল বক্তা হতে পারবেন। বক্তৃতা দেওয়ার জন্য আমি আপনাদের কাছে কয়েকটি গুরুত্বপূর্ণ সংকেত রাখছি, আপনি যখনই সময় পাবেন এইগুলি অভ্যাস করতে থাকুন।

একটি শব্দের উপর বক্তৃতা :

আপনার পছন্দমতো যেকোনোও একটি শব্দ যেমন—পেন, বই অথবা বেঞ্চকে নিয়ে আপনি কমপক্ষে 1 মিনিট বক্তৃতা রাখুন ও নির্বাচিত ঐ শব্দ সম্বন্ধে আপনি যা জানেন বলুন।

একটি বিষয়ের উপর বক্তৃতা :

আপনি ক্রোধ, হাসি বা ধূমপান জাতীয় কোন চলতি বিষয় নির্বাচন করুন এবং ভুল হলেও ভ্রুক্ষেপ না করে ঐ বিষয়ের উপর অনর্গল 1 বা 2 মিনিট বক্তৃতা রাখুন।

বিশেষ বিষয়ের উপর বক্তৃতা : 1মিনিট ক্রমাগত বক্তৃতা অভ্যাস করার পর আপনার কোনো বন্ধু যার সাথে আপনি সান্ধ্য ভ্রমণে বেরিয়েছেন তার কাছে কোনো বিশেষ বিষয় যেমন, বেকার সমস্যা অথবা কার্গিল যুদ্ধ সম্বন্ধে বক্তব্য রাখুন। চেষ্টা করুন তাৎক্ষণিক কোনো বিষয়ের উপর বক্তৃতা করা। প্রস্তুতিপূর্ণ বক্তৃতা আপনাকে বিশেষ সাহায্য করবে না। আপনি এই জাতীয় বক্তৃতা একা অভ্যাস করতে পারেন যখন আপনি আপনার কোন সাথীর সান্নিধ্য পাবেন না।

একই বক্তব্যের মধ্যে বিভিন্নতা রাখার চেষ্টা :

একটি বিশেষ বিষয়ের উপর অনেকগুলি বক্তব্য রাখার প্রস্তুতি নিন। মনে করুন একই দিনে একই বিষয়ে বিভিন্ন শ্রোতাদের আপনাকে সন্তুষ্ট করতে হবে, যেমন ধরুন বিষয়টি হ'ল "কমপিউটার"।

ক্রেতাদের জন্য বক্তব্য :

মনে করুন, আপনি একজন সংস্থার বিক্রয় প্রতিনিধি, আপনাকে ক্রেতার মন জয় করতে হবে। আপনাকে আপনার বিক্রয় বিষয় কমপিউটারের সম্বন্ধে সমস্ত গুণাবলী বলতে হবে যাতে সেটা গ্রহণযোগ্য হয়।

ছাত্রদের জন্য বক্তব্য :

যখন আপনাকে কমপিউটার সম্বন্ধে ছাত্রদের কাছে কিছু বলতে বলা হবে, তখন আপনাকে এই বিষয়ে অনেক তথ্যের ব্যাখ্যা দিতে হবে, আপনাকে বলতে হবে,

কমপিউটার কি বস্তু, এর আবিষ্কার-কর্তা কে এবং কমপিউটারের ব্যবহারের উপযোগিতা কি, এরপরে ধীরে ধীরে আপনি কমপিউটারের প্রক্রিয়াও প্রয়োগ বলতে পারবেন।

বেকার যুবক/যুবতীদের জন্য বক্তৃতা :

আমাদের দেশের বেকারদের সম্পূর্ণ কমপিউটারের প্রয়োজনীয়তা সম্বন্ধে আপনাকে বিশেষ বিবরণ দিতে হবে। আপনাকে তাদের এই বিষয়ের উপর সঠিক তথ্য ও পাঠ্যক্রম বোঝাতে হবে এবং তাদের কর্মজীবনে এর প্রয়োগ জানাতে হবে।

বক্তব্যের মূল অংশ

পৃথিবীতে সমস্ত প্রাণীই তাদের মনোভাবকে অনেক উপায়ে প্রকাশ করতে চায়। একমাত্র মানুষই এই পৃথিবীর ভাগ্যবান প্রাণী যার এই ক্ষমতা আছে যারা বলতে এবং চিন্তা করতে পারে। মানুষই পারে অনায়াসে তাদের মনোভাব ও দৃষ্টিভঙ্গি প্রত্যেকের সামনে তাদের শব্দের সাহায্যে মনের কথা প্রকাশ করতে। যাইহোক কিছু মানুষ তাদের ভীতির জন্য এবং জ্ঞানের অভাবে সেই কাজে অকৃতকার্য হয়। সুতরাং একমাত্র মানুষই সমর্থ হয় তাদের মনোবৃত্তি সহজভাবে সকলের সামনে উপস্থিত করতে। আপনার উচ্চ-চিন্তা ভাবনা এবং উপদেশ কোনো কাজেই লাগবে না, যদি আপনি তা সকলের সামনে উপস্থিত করতে না পারেন। যখন আপনি কোনো দ্বিধা ছাড়া কোনো বক্তব্য পেশ করতে শুরু করবেন। একটা নতুন শক্তি আপনার মধ্যে উৎপন্ন হবে। এটা আপনার ব্যক্তিত্বকেও উন্নত করতে সাহায্য করবে। আপনি খুশি হবেন আপনার দৃষ্টিভঙ্গি দর্শকের সামনে পেশ ক'রে।

বক্তব্যকে একত্রিত করতে চেষ্টা করুন :

আপনি আপনার বক্তব্যকে তথ্যের দ্বারা আকর্ষিত করতে চেষ্টা করুন, যদি আপনি আপনার শ্রোতাদের সামনে নিজের ভাবমূর্ত্তি তৈরী করতে চান। সমস্ত তথ্য এবং বক্তব্য তৈরী করে তাকে পরিবেশন করুন যাতে আপনার শ্রোতারা সেটাকে উপভোগ

করতে পারে। আমি বিশ্বাস করি আপনার বক্তব্য একটি উৎপাদনের মতো হবে যা আপনি আপনার শ্রোতাদের কাছে বিক্রয় করতে চেষ্টা করবেন। যেভাবে একজন বিক্রেতা তার উৎপাদনকে বিভিন্ন উপায়ে প্রদর্শিত করে, সেভাবেই একজন বক্তা তার বক্তব্যকে পরিবেশন করার জন্য কঠিন পরিশ্রম করে। সর্বদা আপনার বক্তব্যকে শুরু থেকেই যতদুর সম্ভব আকর্ষক এবং গ্রহণযোগ্য করে তুলবেন। শ্রোতাদের সামনে শুরুতেই কিছু আকর্ষক বিষয় তুলে ধরবেন। এটা শ্রোতাদের আপনার বক্তব্যের প্রতি আগ্রহী করে তুলবে।

আপনি যদি 'হাউ টু বিকাম এ পাবলিক-স্পিকার'—এর উপর বক্তব্য রাখতে চান, তাহলে আপনি নিশ্চয়ই উচ্চ-স্তরের বক্তৃতা দিতে চেষ্টা করবেন। কিন্তু বক্তব্য পেশ করার আগে আপনি নিশ্চয়ই নিজেকে প্রশ্ন করবেন—"কেন শ্রোতারা আপনার বক্তব্য শুনবেন?' তারা আপনার বক্তব্য শুনবে কারণ তারাও একজন ভালো বক্তা হতে চান। আপনি আপনার বক্তব্যে খুব সহজ ভাষা ব্যবহার করবেন এবং তার জন্য আগে থেকে ভালো ভাবে প্রস্তুতি নেবেন। শ্রোতারা আপনার কোনো ভুল এধরনের বক্তব্যে সহ্য করবে না কারণ তারা আপনাকে তাদের আদর্শ বলে গণ্য করেছে।

বিস্তৃত অভিজ্ঞতা একত্র করুন :

আপনার নিজের বিষয়ে সম্যক জ্ঞান থাকা প্রয়োজন। আমাদের দেশের মহান বক্তাদের সম্বন্ধেও আপনাকে জ্ঞান আহরণ করতে হবে। আপনি অতি অবশ্যই সুভাষচন্দ্র বোস এবং অটলবিহারী বাজপেয়ীর ভাষণের রেকর্ডিং শুনেছেন। আপনি কখনো ভেবেছেন লোকেরা কোনো রকম অসহিষ্ণু না হয়ে ঘণ্টার পর ঘণ্টা তাঁদের বক্তব্য শুনত কেন? আপনি বক্তব্য পেশ করার অনেক কৌশল শিখতে পারেন যদি আপনি মহান বক্তাদের বক্তব্য শোনার সুযোগ গ্রহণ করেন। এটা শুধু আপনার জ্ঞান বৃদ্ধির জন্য প্রয়োজনীয় নয়, এটা আপনাকে পারিপার্শ্বিক অবস্থাও বুঝতে সাহায্য করবে।

যদি আপনি 'সফল বক্তা কীভাবে হবেন'—এর উপর বক্তব্য রাখতে চান, আপনি অবশ্যই এই নিয়মগুলি মেনে চলবেন।—

১. আপনার শ্রোতারা কি জ্ঞানী?

২. আপনার শ্রোতারা কখনও ভাষণ দিয়েছে?

৩. আপনার শ্রোতারা পুরুষ না মহিলা, না উভয়ই?

৪. আপনার শ্রোতারা কি সমূহবার্তাতে বিশ্বাস রাখে?

৫. আপনার শ্রোতারা ব্যবসা-প্রতিষ্ঠানের, না চাকুরীজীবি?

৬. শ্রোতারা শীঘ্র কোনো ভালো বক্তার ভাষণ শুনেছেন?

৭. কারা আপনার বক্তব্য পেশ করার আয়োজক?

শ্রোতাদের সাথে ভাষণের পূর্বে বাক্যালাপ করলে বুঝতে পারবেন আগের ব্যক্তিটি কি কি বিষয়ের উপর বক্তব্য পেশ করেছেন। যদি আপনার আগের বক্তা 'মঞ্চে-ভীরুতা'র উপর ভাষণ দিয়ে থাকেন, তাহলে আপনি 'স্মরণ-শক্তি'র উপর বিশেষ জোর দিয়ে বক্তব্য বা অন্য কোনো বিষয়বস্তুর উপর বক্তব্য তৈরী করে পেশ করতে পারেন। ভাষণের জন্য মুখ্য পয়েন্টগুলিকে আপনি কাগজে লিখে নিতে পারেন। শুরু থেকে শেষ পর্যন্ত বক্তব্যকে কিছু প্রধান অংশে ভাগ করে নিন। যেমন—

শুরু : ভাষণের শুরু সর্বদা অত্যন্ত উষ্ণ-অভ্যর্থনার সাথে করতে হবে। যেন শুরুটা তাদের কাছে গ্রহণযোগ্য হয়ে ওঠে—যাতে আপনি তাদের সাথে একাত্ম হতে পারেন। ভাষণের মাধ্যমে এটা বুঝিয়ে দিতে হবে এবং ধন্যবাদ জ্ঞাপন করতে হবে—যে তারা তাদের কার্যক্রম থেকে সময় বের করে আপনার ভাষণ শোনার জন্য উপস্থিত হয়েছেন।

আকর্ষণ : বক্তা তার বক্তব্যকে বিভিন্ন বিষয়ের অলংকারে সাজিয়ে তুলবেন, যেমন—সংবাদ-জ্ঞাপন, ধাঁধা, হাস্যরস, ভাবাবেগ ইত্যাদি। ভাষণে অতিরিক্ত উপদেশ দেওয়াও শ্রোতাদের ভালো লাগে না। যদি আপনি একটা ভালো ভাষণ উপস্থাপন করতে চান তাহলে বিষয়ের সার্থকতা বজায় রাখুন। তারা জীবনের সাথে সম্পর্কিত

বিষয়বস্তু শুনতে ভালোবাসে। যদি আপনি কোনো হাসির কথা বলতে চান, তবে শ্রোতাদের আগে থেকে বুঝতে দেবেন না যে আপনি হাসির কথা বলবেন, তাহলে তার গুরুত্ব কমে যাবে আর শ্রোতারাও প্রথম থেকেই সতর্ক হয়ে যাবে।

আবেগ ও বিশ্বাস : আবেগ এবং আত্মবিশ্বাসের সঙ্গো ভাষণ দিন। বিশ্বাসে জাদু থাকে। অতএব আপনার ভাষণ শ্রোতাদের উপর জাদুর প্রভাব ফেলবে।

ভাষণের প্রধান অংশ : ভাষণের মুখ্য অংশে আপনার বক্তব্যের বিষয় সম্বন্ধে যেন দৃঢ়তা জনতার মনের মধ্যে একটা জায়গা তৈরী করে নেয়। সঠিক বিষয়ে পর্যাপ্ত জ্ঞান থাকার সাথে সাথে আপনাকে এব্যাপারেও লক্ষ্য দিতে হবে যে—আপনাকে মঞ্চের উপর কীরকম দেখাচ্ছে, আপনি কিভাবে হাত-পা নাড়ছেন ইত্যাদি আরও গুরুত্বপূর্ণ বিষয়ে। এটাও গুরুত্বপূর্ণ যে আপনি আপনার বিষয় থেকে সরে যাননি তো?

চোখের দিকে লক্ষ্য রাখুন : বক্তব্য পেশ করার সময় জনতার চোখের দিকে সর্বদা চোখ রেখে বক্তব্য পেশ করা উচিত। এইভাবে এক-এক জন করে অনেক লোককে কিছুক্ষণের মধ্যে বোঝাতে পারবেন। এইভাবে আপনার বিশ্বাস বাড়বে আর আপনি বুঝতেও পারবেন না আপনার ভাষণ কখন শেষ হয়ে গেছে।

ভাষণের শেষ অংশ : ভাষণের শেষ অংশও ভাষণ শুরু হওয়ার মতোই সমান গুরুত্বপূর্ণ। ভাষণের শেষে ভাষণের মুখ্য অংশকে পুনরায় বলতে ভুলবেন না। কারণ শ্রোতারা সংক্ষেপে মুখ্য অংশ শুনলে অনেকদিন পর্যন্ত সেগুলি মনে রাখতে পারে। ভাষণের শেষে শ্রোতা এবং আয়োজকদের ধন্যবাদ জ্ঞাপন করতে ভুলবেন না।

শ্রোতাদের বিশ্বাস অর্জন করুন : আপনি সর্বদা আপনার বক্তব্যের মাধ্যমে আপনার শ্রোতাদের বিশ্বাস অর্জন করুন। তারজন্য আপনি এই বাক্যগুলি প্রয়োগ করুন—"আপনি অবশ্যই জানেন', অথবা 'আপনি অবশ্যই দেখেছেন',—ইত্যাদি। যদি কোনো শ্রোতা আপনার ভাষণের মাঝখানে কোনো ভালো সংকেত জানায় তাহলে আপনার তাতে রাগ করা উচিত নয়। অনেক সময় দেখা যায় যে কোনো দর্শক বক্তার কাছে কিছু জানতে চাইছে বা কিছু প্রশ্ন করতে চাইছে, তাতে বক্তা অসন্তুষ্ট হ'ন কারণ, সেটা আপনার আত্মসম্মানে আঘাত করে। যদি কোনো দর্শক আপনাকে

কোনো প্রশ্ন করে বা কিছু জানতে চায় সেটা আপনার পক্ষে ভালো কারণ সে আপনার বক্তব্য বা বিষয়টি যত্ন সহকারে এবং মনোযোগ দিয়ে শুনছে। তাই আপনার বিরক্ত না হয়ে তাদের এই প্রশ্নের জন্য তাদের সাথে সহমত হওয়া উচিত।

উন্নত স্মৃতি-শক্তি : একজন সফল বক্তার জন্য উন্নত স্মৃতিশক্তি থাকা অত্যন্ত আবশ্যক। একজন স্মৃতিশক্তিবিহীন বক্তা বিনা কম্পাসের জাহাজের মতো, যা কিছুদূর যাওয়ার পরই নিজে পথ-ভ্রষ্ট হয়ে যায়। অতএব একজন ভালো বক্তা হওয়ার জন্য আপনার স্মৃতিশক্তিও অত্যন্ত উন্নত হওয়া জরুরী। স্মৃতি-শক্তি উন্নত করার জন্য আপনি শবাসন, সমাধি, চিন্তন ইত্যাদি যোগব্যায়াম করতে পারেন। স্মৃতি-শক্তি বাড়ানোর জন্য আরও অনেক উপায় আছে। মদ্যপান, ড্রাগ জাতীয় নেশা থেকে নিজেকে দূরে রাখুন, কেননা এধরনের নেশা আপনার স্নায়ুতন্ত্রের ক্ষতি করে এবং স্মৃতিশক্তিও নষ্ট করে দেয়।

একটি সহজ কার্য : এখন আপনি জেনে গেছেন যে একজন সফল বক্তা হওয়া বা সুন্দর ভাষণ দেওয়া খুব কঠিন কার্য নয়। যদি আপনি সত্যিকারের ধৈর্য্য এবং আত্মবিশ্বাসের সাথে চেষ্টা করেন তাহলে নিশ্চিতভাবে আপনি সফল হবেন। আপনি বুঝতে পারবেন ভাষণ দেওয়া খুব কঠিন কাজ নয়, বরং আনন্দদায়ক। কিন্তু তার জন্য আপনাকে দেওয়া এই সমস্ত উপায়গুলিকে গ্রহণ করতে হবে। আমাদের মধ্যে কোনো বক্তাই অযথা বক্তব্য পেশ করতে চাননা। কিন্তু অভ্যাস এবং জ্ঞানের অভাবে আমরা সফল এবং প্রভাবশালী বক্তব্য পেশ করতে অসমর্থ থেকে যায়। আমি দেখেছি অনেক বক্তা সঠিক বিষয় নির্বাচন করেন, বিষয়টিও সঠিকভাবে তৈরী করে, কিন্তু ভাষণে কিছু নীরস সংখ্যা যুক্ত করে বিষয়টিকে রসহীন করে তোলে। রুক্ষ্ম ও রসহীন বিষয়কে কেউ পছন্দ করেনা। যদি আপনি কোনো উদাহরণ সংখ্যায় দিতে চান তবে সম্পূর্ণ সংখ্যা বলার কোনো প্রয়োজন নেই। যদি কোনো বক্তা বলেন যে আমাদের সারাদেশে সদস্যদের মধ্যে এগারো লাখ নিরানব্বই হাজার ন'শ বারো পুরুষ এবং আট লাখ ঊনচল্লিশ হাজার তিনশো ছাব্বিশ জন মহিলার শিক্ষার ব্যবস্থা করা হয়েছে, তাহলে শ্রোতারা বিরক্ত হয়ে যাবে। কিন্তু এই সংখ্যাকেই যদি সঠিক ভাবে প্রয়োগ না করা

যায় তো ভাষণে রসত্বের পরিমাণ বজায় থাকবে। একজন ভালো বক্তা সেটাকে এইভাবে উপস্থাপন করবেন—আমাদের সেবকরা সারা দেশে প্রায় বারো লাখ অশিক্ষিত পুরুষ এবং সাড়ে আটলাখ মহিলাদের লেখা-পড়া শেখার ব্যবস্থা করেছে। এইভাবে প্রস্তুত করলে শ্রোতাদের সংখ্যাও মনে থাকবে।

খুব কম সুযোগই আসবে যে আপনার শ্রোতারা সঠিক সংখ্যা জানতে চাইবে। যখন কোনো শ্রোতা সঠিক সংখ্যা জানতে চাইবে তখনই আপনার সেটা উল্লেখ করা প্রয়োজন। যদি আপনি ভাষণে বলা সংখ্যা অন্য জিনিসের সাথে ধরতে পারেন তবে সেটা আরও ভালো। যদি আপনি বলেন বিহারে কোনো এক গ্রামের দু'হাজার লোক বন্যায় ভেসে গেছে, এছাড়া অন্যান্য জীব-জন্তুও মারা গেছে। তো জনতার ওপর এর প্রভাব পড়বে না। কিন্তু যদি আপনি এভাবে বলেন—কল্পনা করুন আপনি কোনো একটা গাড়িতে বসে কোনো একটা গ্রামে ঘুরতে গেছেন। সেখানে সমস্ত পশু ও মানুষ কেউ বেঁচে নেই। গ্রামের সমস্ত কিছু বন্যায় ভেসে গেছে, গ্রাম একেবারে শূন্য। একদম সেরকমই অবস্থা আমাদের বিহারের গ্রামের। বন্যা নিজের সাথে সমস্ত গ্রামকে ধুয়ে নিয়ে গেছে। এভাবে আপনার ভাষণে সজীবতা আসবে। শ্রোতাদের মনে হবে তারা নিজেরা সেই গ্রামকে স্বচক্ষে নিরীক্ষণ করছে।

আপনি কোনো বিমান কোম্পানীতে কাজ করলে, আপনি ভাষণের মাধ্যমে জনতাকে সংখ্যাতে জানাতে পারেন না যে আমাদের প্রতিদিন এতগুলি অন্তর্দেশীয় বিমান ওড়ে। দেশের জন্য কতগুলি বিমান ওড়ে, এবং সপ্তাহে কতগুলি বিমান ওড়ে। আপনি শুধু উল্লেখ করুন আপনাদের সপ্তাহে বিমান ওড়ে এবং সকলকে সযত্নে সঠিক জায়গায় পৌঁছে দেওয়া হয়। তাহলে তারা বেশী আনন্দ উপভোগ করবে।

দৃষ্টির সাথে সম্পর্ক :

আমি এর আগে উল্লেখ করেছি, যে কথা বলার সময় বক্তার শ্রোতাদের চোখের সাথে সম্পর্ক রাখা খুবই গুরুত্বপূর্ণ। তা না হলে আপনার বক্তব্য সংগঠিত হবে না।

আমাদের আত্মবিশ্বাসও বেড়ে যায় যখন আমরা আমাদের সামনে শ্রোতাদের হাসি-খুশি মুখ দেখতে পাই। মুখমণ্ডলের পরিভাষা এবং চোখের ভাষা খুবই গুরুত্বপূর্ণ কার্য সম্পন্ন করে এই বক্তব্যের ক্ষেত্রে। আপনি দেখেছেন যখন উন্মুক্ত ময়দানে ভাষণ হয় তখন কিছু ব্যক্তি গাছের উপর উঠে ভাষণ শুনতে থাকে। আপনি কখনো ভেবেছেন তারা এরকম কেন করে? তারা এজন্য গাছে ওঠেনা যে তারা আপনার কথাকে শুনতে পায়, কিন্তু এজন্য ওঠে যাতে তারা আপনার হাবভাব দেখতে পারে এবং আপনার সাথে দৃষ্টি বিনিময়ও করতে পারে। যদি আমাদের চেহারার হাভ-ভাব বা দৃষ্টির সম্পর্ক শ্রোতাদের উপর প্রভাব না ফেলত, তাহলে শ্রোতারা আপনার দিকে পিছন ফিরেও বসতে পারত। আসলে আমাদের দৃষ্টিতে আকর্ষণ-শক্তি থাকে।

এখনতো বিজ্ঞানও দৃষ্টির আকর্ষণ শক্তিকে প্রমাণ করে দিয়েছে। আপনি অনুভব করবেন যে, যখন আমরা কোনো কাজে ব্যস্ত থাকি অর্থাৎ কোনো ব্যক্তি আমাদের যেকোনো কোণ থেকে দেখলেও, আমরা তা অনুভব করতে পারি। কারণ তার দৃষ্টি থেকে নিঃসৃত কিরণ আমাদের চোখে অথবা চেহারার সঙ্গে ধাক্কা খায়। এই দৃষ্টি শক্তির দ্বারা যেকোনো ব্যক্তিকে সম্মোহনও করা যায়। সুতরাং আমরা যখন শ্রোতাদের চোখের দিকে তাকিয়ে ভাষণ দিই তখন সেটা একেবারে শ্রোতার মস্তিষ্কের ভিতরে পৌঁছে দিতে পারি।

কোথায় এবং কীভাবে শ্রোতারা বসে আছেন :

আপনার ভাষণের সফলতা এ ব্যাপারের ওপরও নির্ভর করে যে—শ্রোতারা মঞ্চের কতদূরে বসেছে এবং কীভাবে বসেছে। আপনার এবং শ্রোতাদের মাঝে দৃষ্টি বিনিময়ের কোনো বাধা বা মাঝে কোনো স্তম্ভ আছে কিনা। শ্রোতারা যদি দীর্ঘ সময় ধরে আপনাকে দেখার জন্য ঘাড় এদিক-ওদিক ঘোরাতে থাকে তাহলে তার বক্তব্যের প্রতি মনোনিবেশ করতে যথেষ্ট সময় নষ্ট হবে। অতএব শ্রোতাদের সঠিকভাবে বসার ব্যবস্থা করতে হবে। শ্রোতারা আরাম করে সুস্থির হয়ে বসতে পারলে তবেই তারা

আপনার ভাষণে ঠিকভাবে মনোনিবেশ করতে পারবে। অডিটোরিয়ামে আয়োজিত ভাষণে শ্রোতারা বেশী মনোনিবেশ করতে পারে, কারণ তাদের ঘাড় ঘুরিয়ে বক্তাকে দেখতেও হয়না, আর বাইরের কোন আওয়াজও তাদের বিরক্ত করেনা। ময়দানে বসা লোকেদের সামনে অনেক বাধা থাকে। কিন্তু একটা বদ্ধ জায়গায় যেমন—অডিটোরিয়ামে শ্রোতাদের সেই বাধাগুলিকে অতিক্রম করতে হয় না। সুতরাং, ভাষণ দেবার সময় আপনি খেয়াল রাখবেন যে শ্রোতারা যেন আপনাকে সরাসরি দেখতে পায় এবং আপনার ভাষণ তাদের মনে রেখাপাত করতে পারে।

দর্শকদের ঠিক সামনে দাঁড়ান :

মনে রাখবেন শ্রোতারা আপনাকে দেখার জন্য বার বার ঘাড় ঘোরাতে পছন্দ করেনা। কোনো পার্টিতে এরকম হ'তে পারে। সুতরাং বক্তব্য শুরু করার আগে আপনি তাদের চেয়ার ঘুরিয়ে আপনার সামনে বসতে বলুন। শ্রোতাদের আপনার দিকে ঘুরে বসার সময় দিন এবং লক্ষ্য করুন বেশির ভাগ শ্রোতারা আপনার দিকে তাকিয়ে আছে কিনা। তারপর আপনি তাদের ধন্যবাদ দিন এবং আপনার বক্তব্য শুরু করুন। একটা কথা সব সময় খেয়াল রাখবেন যে যদি শ্রোতারা সঠিক ও আরামদায়কভাবে উপবেশন না করেন তবে আপনার বক্তব্য বেশী সফলতা পাবে না।

শ্রোতারা কেবলমাত্র মঞ্চের সামনেই থাকবে :

লক্ষ্য রাখবেন শ্রোতারা যেন সকলে আপনার সামনেই উপস্থিত থাকে, এখানে ওখানে ছড়িয়ে-ছিটিয়ে না থাকে, তাহলে বক্তা সঠিকভাবে ভাষণ দিতে পারবে না। আপনি একসাথে সকলের উপর দৃষ্টি নিবদ্ধ রাখতে পারবেন না; কখনো ডাইনে, কখনো বাঁয়ে চোখ ঘোরাতে হবে। অতএব সমস্ত জনতাকে আপনার মঞ্চের সামনে উপস্থিত থাকতে অনুরোধ করবেন, আপনার বক্তব্য শুরু করার আগে। যদি মঞ্চের সামনে, পাশে বা পিছনে অনেক শ্রোতা থাকে যাদের সবাইকে সামনে আনা সম্ভব

নয়, সেই অবস্থায় আপনাকে সহযোগিতা করতে হবে। আপনাকে কখনো সামনে, কখনো বাঁয়ে, কখনো পাশে মাথা ঘুরিয়ে তাদের সামনে বক্তব্য পেশ করতে হবে। এই অবস্থায় আপনি চেষ্টা করবেন যাতে সকলের সাথেই দৃষ্টি-সম্পর্ক বজায় থাকে।

জনতার প্রত্যেককে অবহিত করুন :

আমি মনে করি ভীড়ের ভিতরে প্রত্যেকের সাথেই চোখে চোখ রেখে বক্তব্য পেশ করা উচিত। জনতাকে উদ্দেশ্য না করে জনতার ভিড়ের মধ্যে থাকা প্রতিটি মানুষকে উদ্দেশ্য করতে হবে। আপনি কখনও ভাববেন না আপনি জনতাকে উদ্দেশ্য করে কিছু বলছেন। বরং আপনি ভাবুন আপনি বালক, বৃদ্ধ, যুবক, মহিলাদের প্রত্যেককে আলাদা আলাদাভাবে সম্বোধন করছেন। এতে প্রত্যেকে ঔৎসুক্যের সাথে আপনাদের ভাষণ শুনবেন। আপনি তাদের মুখ দেখে বুঝতে পারবেন তারা আপনার ভাষণ শুনছেন, তারা যে বুঝতে পারছেন সেটাও মাথা দুলিয়ে বুঝিয়ে দেবে। ভাষণ প্রস্তুত করার আগে আপনি নিম্নলিখিত এই কথাগুলিকে বিশেষ গুরুত্ব দেবেন—

১. ভাষণকে আকর্ষণীয় করে তুলুন।

২. যদি সম্ভব হয় তবে ভালো কবিতা বা প্রবাদবাক্য ব্যবহার করুন।

৩. ঐতিহাসিক তথ্য ব্যবহার করুন।

৪. প্রথমে আপনার বিষয়ের খোঁজ-খবর নিন।

৫. শ্রোতাদের আপনার ভাষণে যুক্ত করুন।

৬. নিজের কথাকে প্রমাণিত করার জন্য উদাহরণ দিন।

৭. আপনার বক্তব্যে কিছু ঘটনা তুলে ধরুন।

৮. বক্তব্যে সংখ্যার ব্যবহার আকর্ষণীয়ভাবে ব্যবহার করুন।

৯. আপনার নিজের বিষয়ে যথেষ্ট তথ্য ও জ্ঞান একত্র করুন।

১০. নিজেকে প্রশ্ন করুন শ্রোতাদের আপনি কি দিতে পারেন?

১১. আপনার ভাষণকে খুব ভালোভাবে অভ্যাস করুন।

১২. শ্রোতাদের ছোট ছোট প্রশ্ন করুন, যার উত্তরের দ্বারা তারা নিজেদের আপনার ভাষণে যুক্ত করতে পারে। ভাষণের মুখ্যভাগে এবং অন্তভাগে বিশেষ ধ্যান দিন।

ভাষণ কেমন হওয়া উচিত

একজন সফল বক্তা হওয়ার জন্য নিজেকে দৃঢ়সংকল্প করে তুলতে হবে। আপনি যদি নিজেকে দৃঢ়-সংকল্প করে নেন, তাহলে নিশ্চিত যে—কেউ আপনার পথে বাধা সৃষ্টি করতে পারবে না। আপনার একজন সফল বক্তা হওয়ার জন্য আপনার জ্ঞানকে উন্নত করা খুবই প্রয়োজন। আপনার জানার শেষ নেই, আপনার জ্ঞানকে নিরন্তর বৃদ্ধি করতে থাকুন। যতদিন না ভাস্কো-ডা-গামা ভারতে পৌঁছান, ততদিন কেউ জানত না এর বাইরেও কোনো দুনিয়া আছে। সুতরাং, আপনি নিশ্চয় আপনার চোখ এবং কান খোলা রাখবেন নতুন জ্ঞান এবং তথ্য অর্জনের জন্য। এর সাথে সঠিক ভাষণ প্রস্তুত করার কৌশলও আপনাকে জানতে হবে।

সঠিক উপায়গুলি প্রয়োগ করুন :

একজন ভালো বক্তার জন্য সঠিক উপায়গুলিকে তাদের বক্তব্যের মাধ্যমে পেশ করা খুবই গুরুত্বপূর্ণ। আমি দেখেছি অনেক বক্তারা তাদের সঞ্চিত জ্ঞানকে জনতাদের মধ্যে ভাগ করে দিতে চান। কিন্তু তারা বিফল হ'ন কারণ তারা তাদের নিজেদের এতে সামিল করতে পারেন না। যদি তারা সেটা করতে পারতেন তাহলে ভাষণে সজীবতা

বজায় থাকত। আপনি আপনার অনুভবকে যখন জনতার সামনে পেশ করবেন তখন আপনার ভাষণ বিশ্বাসে ভরে যাবে এবং তাতে জাদুর আকর্ষণ আসবে। আপনার তৈরী ভাষণকে আপনি তিনটি মুখ্য ভাগে ভাগ করতে পারেন।—

১. সঠিক বিষয় নির্বাচন।

২. নির্বাচিত বিষয়ে জ্ঞান একত্রিত করুন।

৩. ভাষণকে সঠিকভাবে উপস্থাপনার জন্য তৈরী করুন।

বিষয়কে সীমারেখাতে বাঁধুন :

ভাষণের জন্য আপনি যথেষ্ট খোঁজ-খবর নিয়ে বিষয় নির্বাচন করুন। তারপর আপনার বিষয়কে নির্ধারিত সময়ের মধ্যে আরোপিত করুন। সেই সময়ের মধ্যে আপনি কোন কোন বিষয়কে ছুঁয়ে যেতে পারেন সেই পর্যন্তই সীমিত থাকুন। কারণ যদি আপনি আপনার বিষয়ের বাইরে যাবার চেষ্টা করেন, তবে শ্রোতারা সেটা গ্রহণ করতে পারবে না। ভাষণে একটা ছোটো ভুলও আপনার অসফলতার কারণ হতে পারে। অতএব সীমাকে অতিক্রম করে বিষয়ের সজীবতাকে আঘাত করবেন না। যদি পাহাড়ী পর্যটন-স্থল মানালি সম্বন্ধে কোনো পর্যটন সংস্থার তরফ থেকে বক্তৃতা দিতে বলা হয় তো কী বলবেন? আমি একজনকে বলতে শুনেছি—“মানালি—হাজার ফিট উচ্চতাতে অবস্থিত হিমাচল প্রদেশের একটি শহর। এখানে পাহাড়ী ভাষা ব্যবহার করা হয়। লোকজন খুবই সাদাসিদে এবং সৎ। মানালিতে অনেক বাসস্ট্যান্ড আছে।” এসমস্ত বক্তব্য আলোচনাকে বিরক্তজনক ও নীরস করে তোলে। যেকোনো শ্রোতাই এইসব বক্তব্য শুনে অধৈর্য্য হয়ে যাবেন। কারণ এই কথাগুলি সকলেই জানে। শ্রোতাদের কাছে এগুলি কোনো নতুন তথ্য নয় যা তারা জানেনা। কিন্তু যখন অন্য আর একজন বক্তা এই বিষয়ে তার বক্তব্য রাখতে শুরু করলেন—সে একেবারে আলাদাভাবে শুরু করলেন।—“পৃথিবীর প্রথম মানুষের ঘর ‘মনু-আলয়’ অর্থাৎ মানালির

নাম কে না জানে। বরফের মুকুট ধারণ করে প্রতিবছর হাজার হাজার পর্যটকদের তার সৌন্দর্য্যের দ্বারা আকর্ষণ করে। দেবদারুর লম্বা লম্বা বৃক্ষ আর আদম-ফল অর্থাৎ আপেলের ঘাঁটি এই মানালিতে সারা বিশ্ব থেকে লোকেরা স্কিয়িং এবং প্যারাগ্লাইডিং-এর জন্য আসেন।" দু'জন বক্তাই মানালি সম্বন্ধে বক্তব্য পেশ করলেন, কিন্তু দ্বিতীয়জন বিষয়কে এতটা রসবোধক করে তুললেন যে শ্রোতাদের মনে সেই শহর সম্বন্ধে এক আকর্ষক ভাবনা তৈরী হয়ে গেল।

এটা একটা সামান্য উদাহরণ। আমি এমন হাজার ভাষণ শুনেছি যাতে বক্তা একটা বিষয়েই অনেক নীরস বস্তু পরিবেশন করতে থাকে। সেটা কিছু সময় পর্যন্ত শ্রোতারা শুনতে থাকে, কিন্তু কিছুক্ষণ শোনার পরই বেশীরভাগ শ্রোতা মাথা চুলকাতে থাকে নয়ত ঘুমিয়ে পড়ে। আপনার বিষয় যাই হোক সেটাকে সীমায়িত করে, তাকে রসপূর্ণ অর্থাৎ গুরুত্বপূর্ণ খোঁজের দ্বারা শ্রোতাদের সামনে তুলে ধরতে হবে। ভাষণের জন্য সমস্ত বক্তাদেরই সময় নির্ধারিত থাকে। আপনাকে নির্ধারিত সময়ের মধ্যে আপনার বক্তব্যকে সম্পূর্ণ করতে হবে। যদি আপনার ভাষণ চার বা পাঁচ মিনিটের হয়, তাহলে বিষয়কে মোট মুখ্য দু'ভাগে ভাগ করে নিন। কিন্তু যদি দশ মিনিটের হয় তাহলে তাকে চার বা পাঁচ ভাগে ভাগ করতে পারেন।

বিষয়ের গভীর পর্যন্ত যান :

আমি অনেক বক্তাকে দেখেছি তাদের বক্তব্যকে মাত্র ওপর ওপর ছুঁয়ে ছেড়ে দেয়। এটা খুব সহজ উপায়, কিন্তু আপনি এই উপায়ে শ্রোতাদের ওপর আপনার ভাষণের প্রভাব ফেলতে পারবেন না। এতে আপনার এবং শ্রোতাদের সময় উভয়ই নষ্ট হয়, শ্রোতাদের ওপরও কোনো প্রভাব পড়ে না। এইজন্য আপনি আপনার বক্তব্যকে সময়সীমার মধ্যে বেঁধে, নির্ধারিত বিষয় তথা তথ্যের গভীর পর্যন্ত খোঁজ করুন। আপনার কাছে যদি পাঁচ মিনিট সময় আছে তাহলে বিষয় সম্বন্ধে ততটাই জ্ঞান একত্র করুন যাতে আপনি প্রয়োজন হলে আধ ঘণ্টা ধরে ভাষণ দিতে পারেন।

ভাষণ তৈরী করার সময় নিজেকে প্রশ্ন করুন, এতে জনতার জানার মতো এবং আকর্ষণীয় নতুন কী কী আছে। আমার বিষয় সম্বন্ধে আমার কাছে কী কী প্রমাণ আছে। কোন কোন উদাহরণ আপনার বিষয়ে উদাহরণ স্বরূপ ব্যবহৃত হতে পারে। আপনার বিষয়ের মুখ্য উদ্দেশ্য কী? যখন আপনার কাছে এই সমস্ত বিষয়ে সম্পূর্ণ তথ্য থাকবে এবং আপনার ভিতর থেকে এই সমস্ত প্রশ্নের উত্তর আসবে, তাহলে সেটা আপনার কাছে উৎসাহপূর্ণ হয়ে উঠবে। যদি মঞ্চের উপর মাত্র দশটা বাক্যের ভাষণ দেওয়ার থাকে, তাহলে অন্তত আমাদের কাছে কম করে একশো বাক্যের প্রস্তুতি থাকা দরকার।

নিজের জ্ঞানের ভাণ্ডার করে তুলুন :

আমার এক বন্ধু যে আকাশবানিতে প্রথমে ভাষণ দিতেন, সেও বিশ্বাস করে যে কোনো বিষয়ে ভাষণ দিতে গেলে অন্তত সেই বিষয়ে তার কাছে অন্তত দশগুণ বেশী জ্ঞান থাকা দরকার। কারণ প্রয়োজন হলে সেই তথ্য আমাদের সাহায্য করতে পারে। এমনও হতে পারে কোনও শ্রোতার সেই বিষয়ে তার থেকেও বেশী জ্ঞান থাকতে পারে। এক্ষেত্রে শ্রোতারা তার সন্দেহ দুর করার জন্য আপনাকে কিছু প্রশ্নও করতে পারেন। এধরণের সমস্ত প্রশ্নের উত্তর দেওয়ার জন্য আপনাকে তৈরী থাকতে হবে। যদি আপনার কাছে পর্যাপ্ত জ্ঞান না থাকে তাহলে আপনি শ্রোতাকে সন্তুষ্ট করতে পারবেন না। যদি আমাদের কাছে পর্যাপ্ত জ্ঞান থাকে আর সঠিক উত্তর দিয়ে তাদের সন্তুষ্ট করতে পারেন তবে সকলেই অত্যন্ত মনোযোগের সঙ্গো আপনার বক্তব্য শুনতে থাকবে। সঠিক উত্তর দিতে পারলে আপনারও আত্মবিশ্বাস অনেক বেড়ে যাবে এবং আপনার গলার আওয়াজ আরও গ্রহণযোগ্য ও প্রভাবশালী হয়ে উঠবে।

একই বিষয় নিয়ে কাজ করছে, এমন লোকেদের সাথে মিশুন :

অনেক আগেকার কথা, আমাকে একবার সৈনিকদের দ্বারা আয়োজিত এক সভায় ভাষণ দিতে হয়েছিল। আমার বিষয় ছিল 'সৈনিকদের জীবন'। আমি একটা ডায়েরি নিয়ে সৈনিকদের সাক্ষাৎকার নিই। তিনজন সৈনিক, কিছু অফিসার ও তাদের ফ্যামিলি—বাবা, মা ও স্ত্রীদের সাথে কথাবার্তা বলি। সেনার অসৈনিক কর্মীদের সাথেও আলোচনা করি। আমি আর্মির ওপর লেখা অনেক বইও পড়াশোনা করি। সেনা-বিশেষজ্ঞদের সাথেও দেখা করি। এ ব্যাপারে আমার দু'টো ডায়েরি পূর্ণ হয়ে যায়। আমি অনেক শাল তারিখও এ ব্যাপারে একত্র করি। এসমস্ত বিষয় একত্র করে আমি আধ-ঘণ্টা ভাষণ দেওয়ার মতো নিজেকে তৈরী করি। আমি এই ভাষণে এমন সমস্ত ঘটনা ব্যক্ত করি যা অনেক ভূতপূর্ব সৈনিকদেরও জানা ছিল না। সেই ভাষণ-উপস্থাপন করার পর মিলিটারি এবং প্রেসের লোকেরা অত্যন্ত প্রভাবিত হ'ন এবং আমাকে খ্যাতির শিখরে পৌঁছে দেন।

আপদকালীন অবস্থার জন্য তৈরী থাকুন :

আমার এক বন্ধু মুম্বাইয়ের হসপিটালের একজন ডাক্তার। সে আমাকে বলে একটা বিশেষ রোগের চিকিৎসা কীভাবে করা যায় সেটা আমি তোমাকে দশ মিনিটে বোঝাতে পারি, কিন্তু যদি কোনো দুর্ঘটনা ঘটে যায় তাহলে সেই সময় কী করা উচিত সেটা বোঝাতে আমার হয়ত বছর লেগে যাবে। আমি মনে করি ভাষণের ক্ষেত্রেও সেইরূপ হয়ে থাকে। আমাদের ভাষণের ক্ষেত্রে সকল আপৎকালীন অবস্থার মোকাবিলা করার জন্য তৈরী থাকতে হবে। এমন হতে পারে আমি যে বক্তব্য রাখতে যাচ্ছি, আমার অগ্রবর্তী বক্তা সেই সম্বন্ধে ভাষণ দিয়ে গেছেন। এরকম অবস্থায় আমাদের তৎক্ষণাৎ সেই বিষয়ে পরিবর্তন আনতে হবে, যাতে শ্রোতাদের আকর্ষণ বজায় থাকে। এটা তখনই সম্ভব যখন সম্বন্ধীয় বিষয়ে আমাদের কাছে পর্যাপ্ত জ্ঞান থাকবে।

যদি সঠিক সময়ে আপনি বিষয়কে নির্বাচন করতে পারেন, তবে আপনি আপনার সঞ্চিত জ্ঞানের শক্তিকে কাজে লাগাতে পারেন।

আপনার নিজের বিষয়ে নতুন কিছু আবিষ্কার করুন :

যদি আপনি সঠিক সময়ে নিজের বিষয়কে নির্বাচন করতে পারেন, তাহলে সেটা তৈরী করার জন্য যথেষ্ট সময় পাবেন। আপনি এই বিষয়ে যখনই অবসর পাবেন চিন্তা করতে পারবেন। আপনার মনে কোনো ভালো তথ্য আসে তাহলে আপনি সেটা সঙ্গে সঙ্গে কাগজে লিখে রাখতে পারবেন। আমার এক বন্ধু ছিল যে পেশাতে একজন খুব ভালো চিত্রকার। সে স্বপ্নতে এক অদ্ভুত ছবি দেখতে পেতো কিন্তু যখন ঘুম ভাঙত তখন ভুলে যেত। সে এই ছবিটাকে আঁকার অনেক চেষ্টা করেছে কিন্তু সফল হয়নি। তার দেখা স্বপ্নটা ভয়ের ছিল, যা দেখে সে ভয় পেত। একদিন রাতে সে একটা সরু বেঞ্চে শুয়ে থাকা ঠিক করে। যখনই সে স্বপ্ন দেখে ভয় পায় সে বেঞ্চ থেকে নীচে পড়ে যায়। তখন তার স্বপ্নের ছবির অনেকটা মনে ছিল। সে আশপাশে পেন, পেন্সিল কিছু একটা খুঁজছিল যাতে সে ছবিটা আঁকতে পারে, কিন্তু সে কিছুই পেল না। অবশেষে সে কাগজের ওপর কার্বন রেখে নখের সাহায্যে নিজের স্বপ্নকে আঁকে। সেই ছবিটা অত্যাশ্চর্যক ছিল।—যা বিনা পেন্সিল বা ব্রাশে আঁকা হয়েছিল। এই ছবিটি থেকেই তিনি অত্যন্ত খ্যাতিমান এবং একজন বিশেষ চিত্রকর বলে পরিচিত হ'ন।

প্রত্যেক মানুষের চিন্তা করার একটা আলাদা ধরণ থাকে। আমাদের চিন্তা-ধারা কখনো একে অপরের সাথে মেলে না। অতএব আমরা নিজের বিষয়ের উপর নতুন নতুন চিন্তা করে এক মহান বক্তা হতে পারি। আপনি যদি একদিনেই আপনার বক্তব্য

তৈরী করতে চান, তাহলে সেটা সম্ভব নয়। কারণ তার জন্য আপনাকে আপনার বিষয়ের অত্যন্ত গভীরে প্রবেশ করতে হবে, সেটা নিয়ে গভীরভাবে চিন্তা-ভাবনা করতে হবে।

যখন আপনি এই প্রক্রিয়াতে লেগে যাবেন তখন আপনার এই নতুন ভাবনাকে লিখে রাখতে হবে। ভাষণে জীবন্ত উদাহরণ রাখতে হবে। আপনি আপনার উপলব্ধি ও জীবনের ঘটা কোনো ঘটনাকে বলতে চান, তাহলে সমস্ত ঘটনা একত্র করে ভাষণের রূপে বলতে পারেন। কিন্তু সেটা অন্যভাবে করতে হবে কারণ লেখার ভাষা এবং বলার ভাষা একেবারে আলাদা। এমন অনেক শব্দ আছে যা লিখিতভাবে যে প্রভাবশালী হয়, বলার সময় সেটা নরম প্রকৃতির অর্থাৎ প্রভাবশালী না হওয়ার জন্য সফল হওয়ার পরিবর্তে ভাষণ অসফল হয়ে যায়।

মৌখিক ও লিখিত ভাষণের মধ্যে পার্থক্য :

আপনার লিখিত ভাষণ এমন হওয়া উচিত যা মঞ্চে গিয়ে শব্দের সঠিকভাবে উচ্চারণ করতে পারেন। আমি আপনাকে উপদেশ দেবো আপনি শুধু তথ্যগুলি মনে রাখুন। কারণ আপনি শুধু লিখিত ভাষণ মঞ্চে উপস্থাপন করতে চান তাহলে তাতে আপনি অবস্থা অনুযায়ী ভাষার প্রয়োগ করতে পারবেন না এবং তা আকর্ষক হবে না আর আপনার ভাষণও প্রভাবশালী হবে না। একজন বিখ্যাত লেখক বলেছেন যে তিনি শুধু ভাবনাটাকে লিখে রাখেন। কিন্তু সেটা কাগজে কলমে নয়, শ্রোতাদের মনে, মস্তিষ্কে, ভাবনাতে। অতএব কাগজের টুকরো আমার এবং শ্রোতাদের মাঝে বাধা সৃষ্টি করে, যাদের আমি আমার ভাষণ দিয়ে প্রভাবিত করতে চাই। আপনার উদ্দেশ্য ভাষণ লেখা নয়, বরং উদ্দেশ্য হওয়া উচিত ভাষণ দেওয়া। এমনও হতে পারে আপনি তিনমাস আগে লেখা ভাষণ মুখস্থ করে মঞ্চে উপস্থিত হয়েছেন, কিন্তু গিয়ে দেখলেন যে সেখানকার পরিস্থিতি অনেক বদলে গেছে। এইরকম সময়ে যদি

আপনি পরিস্থিতি অনুযায়ী ভাষণ দিতে না পারেন তো আপনাকে মঞ্চ ত্যাগ করে চলে যেতে হবে।

আপনাকে মনে রাখতে হবে জনতা ভালোটা সহজে ভুলে যায়, কিন্তু ভুলটাকে বহুদিন মনে রাখে। যদি মঞ্চে গিয়ে আপনার কোনো ভুল হয় তো তা খুব শীঘ্রই শুধরে নিন। আমি দেখেছি অনেক বক্তা তাদের ভাষণ অন্যকে দিয়ে লিখিয়ে নিয়ে যায়। এ-ধরনের ভাষণ জনতার ওপর বিশেষ প্রভাব ফেলে না। কারণ অন্য কারোর আপনার চিন্তা-ভাবনার ধারা সম্বন্ধে কোনো ধারণা থাকে না। অতএব আপনার জন্য অন্যের লেখা ভাষণও সেইরকম হবে যেরকম অন্যের মুখে ঝাল খাওয়ার মতো। জনতা একজন বক্তার বক্তব্য শোনার জন্য একত্রিত হয়। আপনাকে তাদের বুঝে নিজের বাস্তবিক বিচারধারাকে অর্থাৎ জীবন্ত উদাহরণের সাথে বক্তব্য পেশ করতে হবে।

আপনার বক্তব্য মুখস্থ করবেন না :

আমাকে একবার আমার স্কুলে 'ছোটো পরিবার—সুখী পরিবার' বিষয়ে ভাষণ দিতে বলা হয়েছিল। আমি অনেক ভালো-ভালো বই পড়ে একটা ভালো ভাষণ তৈরী করেছিলাম। সমস্ত ভাষণটাকে আমি ভালো করে মুখস্থ করেছিলাম। কিন্তু মঞ্চে যাওয়ার সময় আমার খুব ভয় হচ্ছিল। অনেক চেষ্টা করে মঞ্চে উঠে পড়ি। কিন্তু মাইক্রোফোনের সামনে দাঁড়িয়ে, সামনে জনতার ভীড় দেখে আমার মুখ থেকে একটা শব্দও উচ্চারণ হ'লনা। আমার একটা শব্দও মনে আসল না। অনেক কষ্টে দু'এক লাইন বলে জনতাকে ধন্যবাদ দিয়ে মঞ্চ থেকে নেমে পড়লাম। এই ধাক্কাতে বুঝতে পেরেছি ভাষণকে মুখস্থ করলে কোনো ফল হয়না। আমাদের ভাষণে ভালো উদাহরণের প্রয়োগ করতে হবে। কারণ সেটা জনতা অনেকদিন পর্যন্ত মনে রাখবেন। প্রসঙ্গাকে উল্লেখ করে ভাষণের সাথে জোড়াও একটা ভালো পদ্ধতি। আমি মনে করি সঠিক

উদাহরণ জনতাকে বিষয়টিকে বুঝতে সাহায্য করার একটা সরল এবং সর্বোত্তম উপায়। আমিও আমার ভাষণে সর্বদা উদাহরণ ব্যবহার করে বিষয়টিকে তৈরী করে থাকি।

আপনার বক্তব্যকে আকর্ষণীয় করে তুলুন :

আপনার বক্তব্যকে আকর্ষণীয় করে তোলা খুবই প্রয়োজনীয়। কোনো জনতাই একঘেয়ে ও বিরক্তীকর ভাষণ বেশীক্ষণ শুনতে চাননা। আপনি যদি শ্রোতা হয়ে বসেন, আপনারও নীরস ও বিরক্তীকর ভাষণ শুনতে ভালো লাগবে না। অতএব আমরা যদি ভাষণের মাধ্যমে শ্রোতাদের সামান্য মনোরঞ্জন করতে অসমর্থ হই তাহলে আমাদের শ্রোতা আমাদের ভাষণ মন দিয়ে শুনবেন না। এরকম হলে অনেক শ্রোতারা এদিক-ওদিক তাকাতে থাকেন আর তা না হলে ঘুমিয়ে পড়ে। আমরা ভাষণে যদি কোনো ঘটনা গল্পাকারে বলি বা কোনো ব্যক্তির সফলতা বা অসফলতার কারণ হিসাবে দু'জন ব্যক্তির মধ্যে তুলনামূলক কথা ব্যবহার করি তাহলে জনতা সেটা আগ্রহের সঙ্গো গ্রহণ করবে।

জীবনের সত্য ঘটনাকে আপনার বক্তব্যে সামিল করুন :

প্রতিটি জনতা আপনার ভাষণকে মন দিয়ে শুনবে যদি আপনি ভাষণে আপনার জীবনের সত্য ও আন্তরিক ঘটনাকে সামিল করেন।

আমাদের ভাষণ যেন তাদের কাছে শুধু উপদেশ মনে না হয়। কিছু লোক তাদের অনুভব ও জীবনের সত্য ঘটনাকে বলতে লজ্জা পান। কিন্তু আমি মনে করি যে ঘটনা আপনার সাথে ঘটেছে তা আর কারও সাথে ঘটেছে কিংবা বইয়ে লেখা আছে। সেটা ভাষণকে আরও দৃঢ় করে তোলে। ভালো বক্তার উচিত যেন এক-একটা ঘটনাকে

প্রমাণ করতে পারেন। আমাদের দৈনিক জীবনের হাজারটা ঘটনা এতে প্রয়োগ করা যেতে পারে। যদি ভাষণকে এগিয়ে নিয়ে যাবার জন্য এই উপায়কে গ্রহণ করা যায় তো আপনার দেওয়া দীর্ঘ ভাষণও শ্রোতাদের কাছে ছোট মনে হবে।

ভাষণকে তথ্যপূর্ণ করুন :

ভাষণে গল্প, প্রবাদবাক্য, প্রসঙ্গের সাথে সাথে আপনার বিষয় সম্বন্ধে সম্পূর্ণ জ্ঞানও শ্রোতা পর্যন্ত পৌঁছনো দরকার। কারণ আপনার লক্ষ্য শুধু শ্রোতাদের মনোরঞ্জন করা নয়, তাদের শিক্ষা দেওয়া এবং কিছু বক্তব্য রাখা। যার জন্য আমি আপনাদের খুবই গুরুত্বপূর্ণ কিছু নিয়ম জানাতে চাই যা আমি পত্রকারিতার কোর্সের মাধ্যমে পড়াশোনা করেছিলাম। এই নিয়ম আসলে রুডইয়ার্ড কিপলিংগ বলেছিলেন। এতে 'ঘটনা'র ব্যাপারে এরকম বর্ণনাই করা হয়েছে—

১. কোথায় হয়েছে?

২. কবে, কোন সময় হয়েছে?

৩. কি হয়েছে? কী ঘটনা ঘটেছে?

৪. কে ঘটনা ঘটিয়েছে? কার সঙ্গে ঘটেছে?

৫. ঘটনা কী ঘটেছে? অর্থাৎ ঘটনার কারণ কী?

৬. কীভাবে ঘটনা ঘটেছে?

যদি আপনি আপনার ভাষণে এই ফর্মুলাগুলি যোগ করেন তবে, আপনার ভাষণ আরও আকর্ষণীয় ও জীবন্ত হয়ে উঠবে।

প্রস্তুতি কখন শুরু করেছেন :

ভাষণের জন্য বিষয় নির্বাচন দু'এক মাস আগেই হয়ে যায়। যখনই আপনাকে বিষয়টি দেওয়া হবে, তখনই তার সম্বন্ধে খোঁজ-খবর নেওয়া শুরু করে দিতে হবে। যখনই আপনি বিষয়টি পাবেন আপনার মধ্যে একটা প্রবল ইচ্ছা থাকবে। সবথেকে ভালো এই আগ্রহ থাকাকালীনই ভাষণ তৈরীর কাজে লেগে যাওয়া। এব্যাপারে সমস্ত সূত্রগুলিকে যত তাড়াতাড়ি সম্ভব একত্রিত করতে হবে। কখনও এরকম ভাববেন না

যে, বিষয়টি খুব সহজ, এখনও পনেরো দিন দেরী আছে, তার মধ্যে তৈরী হয়ে যাবে। যখনই আপনি বিষয়ের সম্বন্ধে কোনো খোঁজ পাবেন তখনই সেটা লিখে রাখবেন। এই ব্যপারটা ভাষণে আপনাকে সফল করে তুলতে অনেক সাহায্য করবে। আপনার ভাষণ সম্বন্ধে সমস্ত কথা—কখন, কোথায়, কেন এবং কে—সম্বন্ধে জ্ঞান থাকা উচিত।

আপনার আয়োজকের কাছ থেকে আপনার বিষয় জানার পরই এই কথাগুলি জেনে নিতে হবে—

১. আপনার বক্তব্যের বিষয় কী অর্থাৎ কারা আপনার শ্রোতা?

২. শ্রোতারা কী ধরনের খোঁজ-খবর জানতে পছন্দ করবে?

৩. শ্রোতা কী মহিলা, না পুরুষ, না উভয়ই?

৪. শ্রোতারা ব্যবসায়ী না চাকুরীজীবি কিংবা উভয়ই?

৫. আপনার আগে আর কেউ এই বিষয়ে ভাষণ দিয়েছেন কিনা?

৬. গত বছরও কি কেউ এই বিষয়ে ভাষণ দিয়েছে কিনা? যদি হ্যাঁ হয়, তাহলে শ্রোতাদের এগুলির মধ্যে কোন কোন ব্যাপার পছন্দ হয়েছিল?

যখন আপনি এইসব প্রশ্নের উত্তর পেয়ে যাবেন, তখন তা লিখে নিন। তারপর নিজের ভাষণের একটা ফাইল তৈরী করুন। যখনই চলতে-ফিরতে এই বিষয়ের ওপর কোন সূত্র খুঁজে পাবেন তখনই সঙ্গে সঙ্গে তা লিখে ফাইলে রাখুন। বিভিন্ন প্রকারের চিন্তা, নতুন নতুন কথা আপনার মাথায় আসবে। তারপর যখন পনের দিন আগে আপনি এই ফাইল খুলবেন, তখন দেখবেন আপনার কাছে এই বিষয় তৈরীর জন্য অনেক খোঁজ-খবর থাকবে। তখন আপনি সেগুলি থেকে আকর্ষক তথা গুরুত্বপূর্ণ কথা বেছে নিয়ে আপনি একটা অতি সুন্দর ও মনোজ্ঞ ভাষণ তৈরী করতে সক্ষম হবেন।

ভাষণের মূল বিষয় সমূহ

ভাষণ দেওয়া একটি শিল্প। আমি এমন অনেক বক্তাদের দেখেছি যারা মঞ্চে বলার জন্য সুযোগ খোঁজে। এরকম লোকেদের না কোন উদ্দেশ্য থাকে, না তারা শ্রোতাদের বুঝতে পারে। এধরনের বক্তাদের নির্ধারিত কোনো বিষয়ও থাকে না। সে এক কথা দিয়ে শুরু করে আর কখন কীভাবে অন্য ব্যাপারে ঢুকে যায় তা আন্দাজ করা সম্ভব নয়। এমন বক্তাদেরও দেখেছি যারা মঞ্চে আসার জন্য মদের সাহায্য নেয়। তাদের বক্তব্য এটা খাবার ফলে ভীরুতা এবং ইতস্ততভাব দুর হয়ে আত্মবিশ্বাস জেগে ওঠে। কিন্তু এটা ভুল পথ। এতে বক্তাও সফল হতে পারেন না আর শ্রোতারাও সন্তুষ্ট হ'ন না।

একজন ভালো বক্তা, ভালো বিষয় পাওয়ার পরে সেটাও কয়েকটি মুখ্য অংশে ভাগ করে নিতে হবে। প্রতি অংশ একে অপরের থেকে আলাদা হতে হবে। কিন্তু যেন স্বয়ংসম্পূর্ণ হয়। পরিচয়, আরম্ভ, উত্তেজনা অর্থাৎ আকর্ষক ভাষণের মুখ্য অংশ হওয়া উচিত। এই অংশগুলিকে চারটি খালি কৌটোর মতো মনে করতে হবে। এই চারটি কৌটোকে আকর্ষক, মহত্বপূর্ণ, জ্ঞানবর্ধক এবং আনন্দদায়ক তথ্যের দ্বারা পূর্ণ করতে হবে। যেমনভাবে কোনো কৌটোর আকার ছোট-বড়ো করা যায় না, তেমনিভাবে ভাষণের দৈর্ঘ্যতাও খুব শীঘ্র ছোট, বড়ো করা উচিত নয়। অতএব প্রতিটি ভাগের জন্য সময়-সীমা নির্ধারিত করতে হবে। যাতে একে আপনি সুন্দরভাবে শ্রোতাদের ইচ্ছানুসারে প্রস্তুত করতে পারেন।

একজন ভালো বক্তা জানে যে শ্রোতারা কী চান?

১. কোনো বিষয় সম্বন্ধে খোঁজ-খবর করা।

২. মনোরঞ্জন।

৩. স্বাস্থ্যের উন্নতি।

৪. সংবেদনশীল বক্তব্য।

৫. ভালোবাসা ও চাহিদা তৈরী করা।

৬. আত্মরক্ষা সম্বন্ধীয় বিষয়।

৭. বিশ্বাস।

৮. লাভ।

৯. হালকা আলোচনা মন পরিবর্তনের জন্য।

১০. গর্ব অনুভব করা।

আপনি নিজেও কিছু চিন্তা-ভাবনা করে এই তালিকার সাথে যোগ করতে পারেন। যদি আপনি আপনার ভাষণকে সাত ভাগে ভাগ করে থাকেন, তবে প্রতি অংশেই শ্রোতাদের একটি করে চাহিদাকে পূরণ করা উচিত।

উদাহরণের জন্য বলা হয়েছে—যদি আপনি 'কম্পিউটারের প্রয়োজনীয়তা' সম্বন্ধে ভাষণ দেন, তাহলে মুখ্য অংশ এই ধরনের হওয়া উচিত।—

১. কম্পিউটার কীভাবে কাজ করে?

২. কম্পিউটারে লাভ কী?

৩. এটাকে কীভাবে ব্যবহার করতে হয়?

৪. কারিগরি সমস্যার সমাধান কী?

৫. সফল প্রয়োগের ফলে খুশী তথা গর্ব।

আরো একটা উদাহরণ দেওয়া হলো—আপনাকে যদি মহিলাদের 'শিশুর লালন-পালন' ব্যাপারে ভাষণ দিতে বলা হয়।—তাহলে কিছুটা এরকমভাবে ভাষণ তৈরী করতে হবে।—

১. শিশুদের দেখাশোনার ব্যাপারে খোঁজ-খবর।

২. শিশুদের মনোরঞ্জন কীভাবে করবেন?

৩. স্বাস্থ্য অর্থাৎ আহার সম্বন্ধে খোঁজ।

৪. ভালোবাসা কীভাবে দেবেন?

৫. মানসিকতা কীভাবে বদলাবেন?

যদি আপনি কোনো কোম্পানীর নির্দেশক হ'ন অর্থাৎ নিজের কোম্পানীর উন্নতির জন্য কর্মচারিদের সামনে ভাষণ দিতে হয়, তো আপনার ভাষণে মুখ্য পাঁচ অংশ এরকম হবে—

১. কোম্পানীর উৎপাদন সম্বন্ধে সম্পূর্ণ জ্ঞান।

২. অর্থ কীভাবে আদায় করবেন।

৩. লোকেদের মনোভাবকে কীভাবে স্পর্শ করবেন।

৪. লোকেদের কীভাবে সন্তুষ্ট করবেন।

৫. সুন্দর বিজ্ঞাপনের দ্বারা কীভাবে বিক্রি বাড়াবেন।

শ্রোতাদিগের চাহিদার প্রতি গুরুত্ব দিন :

যদি আপনি শ্রোতাদের চাহিদাকে ঠিকমতো বুঝে ভাষণ দিতে পারেন তবে, সত্যিকার অর্থে আপনি একজন সফল বক্তা হতে পারবেন। আপনাকে আপনার ভাষণের ক্ষেত্রে খেয়াল রাখতে হবে শ্রোতারা আপনার কাছ থেকে কোন বিষয়ে জ্ঞান অর্জন করতে চাইছে। যদি আপনি সঠিক সময়ে, সঠিক সিদ্ধান্ত নিতে সক্ষম হ'ন, তবে শ্রোতাবর্গ আপনাকে বাহবা দিতে থাকবে। ভাষণ দেওয়ার পূর্বে আমাদের এটা মাথায় রাখতে হবে যে শ্রোতারা তাদের বক্তার কাছে নতুন কিছু শুনতে চায়।

সব সময় মনে রাখবেন মঞ্চে আপনি একজন বক্তা হিসাবে উপস্থিত হচ্ছেন, একজন অভিনেতা হিসাবে নয়। অতএব আপনাকে ভাষণের দ্বারাই শ্রোতাদের প্রভাবিত

করতে হবে, অভিনয়ের দ্বারা নয়। ভাষণের শুরুতে নিজের পরিচয় দেওয়া অত্যন্ত উচিত, কিন্তু সেটা যেন এত লম্বা না হয়, যাতে শ্রোতারা বিরক্ত হয়ে যায়। শ্রোতারা আপনার সম্বন্ধে নয়, আপনার বিষয় সম্বন্ধে জানার জন্য উপস্থিত হয়েছেন। মঞ্চের উপর যদি অন্য কোন লোক আপনার পরিচয় করান, তবে তাকে বুঝিয়ে দেবেন, যে পরিচয়ের জন্য বেশী সময় যেন না নেন। যদি সম্ভব হয় তবে নিজের পরিচয় সংক্ষিপ্তভাবে লিখে সঞ্চালকের হাতে দিয়ে দেবেন, যাতে সে শ্রোতাদের কাছে আপনাকে পরিচিত করাতে পারেন। একজন ভালো বক্তা হওয়ার কারণে আপনার প্রথম কর্তব্য তাদের সম্পূর্ণভাবে সন্তুষ্ট করার চেষ্টা করা।

আপনি নিজেও হয়ত কয়েকবার অত্যন্ত আশা নিয়ে কোনো বক্তার ভাষণ শুনেছেন। কিন্তু আপনি নিরাশ হয়েছেন। এই নিরাশার কারণ কী জানেন? আসলে এটা এইজন্য হয়, যে কিছু বক্তা শ্রোতাদের চাহিদা না জেনেই তাদের ভাষণ শুরু করেন। হয়ত কোনো শ্রোতা জ্ঞান প্রাপ্তির আশা নিয়ে, কেউ কোন বিষয় জানার জন্য একত্রিত হয়েছিল, কিন্তু তারা হাস্যকর ভাষণ শুনে ফিরে যায়। হয়ত আপনি ভাবছিলেন শ্রোতা আপনার উপলব্ধির কথা ভেবে গর্ব অনুভব করবে, কিন্তু তখন তারা উচ্চ ধরনের ভাষণ শোনার জন্য আশা করে আছে। আমি উদাহরণস্বরূপ বলছি হয়ত শ্রোতারা কম্পিউটারের প্রয়োজনীয়তা সম্বন্ধে কিছু শিখতে চান, তবে আপনার নির্বাচিত বিষয়ে কিছু খোঁজ খবর দেওয়াই আপনার ভাষণের মুখ্য উদ্দেশ্য হওয়া উচিত। অতএব তারা কম্পিউটারের সম্বন্ধে জ্ঞান অর্জন করতে চাইবে। যদি আমরা শ্রোতাবর্গ থেকে কিছু বুঝতে পারি তবে আমাদের ভাষণে কিছু পরিবর্তন আনতে পারি। তা না হলে শ্রোতারা আপনাকে গ্রহণ করতে পারবে না। যদি শ্রোতারা কম্পিউটার সম্বন্ধে অনভিজ্ঞ হয়, তবে তাদের একেবারে কম্পিউটারের শুরু থেকে জানাতে হবে। আর যাদের এই সম্বন্ধে কিছু জ্ঞান আছে তাদের কম্পিউটারের সম্বন্ধে অত্যাধুনিক খোঁজ-খবর দিতে হবে। কম্পিউটার সম্বন্ধে কী কী নতুন খোঁজ-খবর পাওয়া গেছে তা জানাতে হবে। এছাড়াও আপনাকে আপনার শ্রোতাদের এটাও বোঝাতে হবে কম্পিউটারের সাথে সাথে কী কী সমস্যাও আসতে পারে এবং তাকে কীভাবে সমাধান করতে হবে।

আপনার ভাষণ শুনে শ্রোতাদের এরকম মনে হওয়া উচিত যে তারা আপনার কাছ থেকে অনেক উপযোগী জিনিস শিখেছে। ফেরার সময় যেন শ্রোতাদের মনে হয়—"যদি আমরা এই ভাষণ না শুনতাম, তাহলে আমাদের ক্ষতি হ'তো।"—তাহলে বুঝতে হবে আপনি আপনার উদ্দেশ্যে সফল হয়েছেন।

যদি আপনি 'শিশুর পরিচর্যা' সম্বন্ধে ভাষণ দিতে যান, তবে তা প্রাথমিক অবস্থা থেকেই দিতে হবে। কারণ অধিকাংশ মহিলারই জ্ঞান থাকে না যে শিশুরা তার মায়ের গর্ভাবস্থাতেই অনেক সময় রোগাক্রান্ত হয়ে থাকে। অতএব আমাদের বিষয়টির শুরু তখন থেকেই করতে হবে যখন শিশুটি গর্ভাবস্থায় থাকে। এই ধরনের ভাষণকে মহিলারা অত্যন্ত মনোযোগ সহকারে শুনবে। জন্ম নেবার পর সন্তানের লালন-পালন যেকোনো মা-ই করতে পারে। কিন্তু যদি শিশুর যদি কোনো সমস্যা দেখা দেয় তো মায়েরা ঘাবড়ে যান। কারণ তাদের সেটা সমাধানের জ্ঞান থাকে না। আপনাকে সেই মহিলাদের জন্য বিশেষ জ্ঞান ভাষণে সামিল করতে হবে। তাদের বোঝাতে হবে শিশুরা কেন কাঁদে? খিদে না পেলে কী করতে হবে? শিশুরা যদি অতিরিক্ত পরিমাণে প্রস্রাব করে তবে কী করতে হবে? অতিরিক্ত কাঁদলে কী করতে হবে? বিয়েবাড়ি, আনন্দ-উৎসবে যাওয়ার সময় কাপড় যাতে না ভেজায় তারজন্য কী করতে হবে? মায়ের দুধ শিশুর মন ও শরীরে কী প্রভাব ফেলে? যদি আপনি এই সমস্ত প্রশ্নের জবাব আপনার ভাষণের মাধ্যমে দিতে সক্ষম হ'ন তাহলে প্রতিটি মহিলা তা বিশেষ আগ্রহের সঙ্গে শুনবে। এব্যাপারে অনেক মহিলা অজান্তেই অনেক ভুল-ভ্রান্তি করে বসে। যার জন্য তাকে অনুতাপ করতে হয়। আমি নিজে এমন এক ঘটনা সম্বন্ধে জানি।—ছয়মাসের একটি শিশুকে তার মা বিয়ের অনুষ্ঠানে যাওয়ার সময় যাতে সে কাপড় ভিজিয়ে না ফেলে তার জন্য তার প্রস্রাবের জায়গায় চুলের রাবার ব্যান্ড লাগিয়ে দেয়। বিয়ে বাড়ী উপস্থিত হয়ে সে শিশুটিকে অন্যের কাছে রেখে উৎসবে মেতে যায়, আর রাবার ব্যান্ডের কথা ভুলে যায়। শিশুর যখন প্রস্রাব পায় তখন সে কাঁদতে থাকে, কিন্তু রবার ব্যান্ডের কথা কেউ না জানার ফলে শিশুর কান্নার কারণও বুঝতে পারেনা। কিছুক্ষণ পরে শিশুটি অচেতন হয়ে পড়ে এবং প্রস্রাব বন্ধ হয়ে যাবার

ফলে মারা যায়। তারপর জানতে পারে রাবার ব্যান্ডের কথা। যদি মহিলার এই ব্যাপারে সম্যক জ্ঞান থাকত তাহলে কি আর সে তার সন্তানকে মৃত্যুর মুখে ঠেলে দিত? আপনিও এই ধরনের উদাহরণ আপনার ভাষণে সামিল করতে পারেন। কারণ এই ধরনের জীবন্ত উদাহরণ শ্রোতাদের উপর অত্যন্ত ভালো প্রভাব ফেলবে। অবস্থা বিশেষে এই ধরনের ভাষণে একটা বিষয়ই থাকতে পারে, কিন্তু যদি আপনি মনে করেন এতে একের অধিক বিষয়ও ছুঁয়ে যেতে পারেন।

আয়-বৃদ্ধি সম্পর্কীয় ভাষণ :

লেখা-পড়া সমাপ্ত হওয়ার পর প্রতিটি মানুষই চাকরি অথবা ব্যবসা করে অর্থ উপার্জন করতে চায় এবং সেই অর্থে জীবন-যাপন করতে চায়। তাই ছোটো থেকে বড়ো সকল মানুষই চায় কীভাবে তারা আয় বৃদ্ধি করতে পারবে। তারজন্য যদি আমরা 'কীভাবে আয়-বৃদ্ধি করবেন' বিষয়ে ভাষণ দেন তাহলে অসংখ্য লোক তাকে শুনতে আগ্রহী হবে। আয়-বৃদ্ধি ব্যাপারে ভাষণ দেওয়া ব্যক্তি সব জায়গায় অত্যন্ত গ্রহণযোগ্য হ'ন। আসলে ব্যবসায়িক বক্তা যেকোনো একটা বিষয়ে অনেক জ্ঞান-অর্জন করে থাকে। বিষয়ে খোঁজ-খবর করার কারণে বক্তার কাছে এত জ্ঞান জমায়েত হয়, যা সাধারণ লোকেদের ধারনাতেও থাকে না। যদি আমাদের শ্রোতা কর্মচারী হ'ন, তাহলে এই বিষয়কে অত্যন্ত চিন্তা-ভাবনা করে প্রস্তুত করতে হবে। কিন্তু যদি ব্যবসায়ী হ'ন, তো ভাষণের রূপ কিন্তু আলাদা হবে। অধিকাংশ ব্যবসায়ী এই ধরনের ভাষণকে শুনতে ছাড়ে না। আসলে তারা এই ধরনের ভাষণ এইজন্য শুনতে চায়না যে তারা নিজের উৎপাদন বৃদ্ধি করতে পারে, কিন্তু এজন্য শুনতে চায় যাতে নিজেদের আমদানি বৃদ্ধি করতে পারে অর্থাৎ অনেক বেশী উপার্জন করতে পারে।

আপনি দেখেছেন অনেক সরকারী বক্তা আছেন যারা এব্যাপারে বেশী জোর দেন যেন ব্যাপারীরা রপ্তানির উপর বেশী নজর দেন, কারণ রপ্তানির ফলে বিদেশী মুদ্রা আসে। বিদেশী মুদ্রা দেশের আর্থিক অবস্থা উন্নত করে এবং রপ্তানিকারকও লাভবান

হয়। কোনো দেশ যদি আর্থিকভাবে উন্নত হ'তে চায় তবে তাদের রপ্তানির ব্যাপারে পরিবর্তন আনতে হবে। আমি একজন সরকারী বক্তাকে শ্রোতাদের বলতে শুনেছি—আপনারা জানেন আমরা বিদেশে রপ্তানির ব্যাপারে এত আগ্রহী কেন? এতে আমাদের কী লাভ হয়? আসলে এতে আপনাদের অনেক লাভ হয়, যার একটা বড় অংশ আমরা নিয়ে নিই। তবুও আপনাদের জন্য অনেকটা বেঁচে যায়। এতে লোকেদের সামনে বাস্তবিক ঘটনাও বলা হয়, আর শ্রোতারা একটু হাসতেও পারে। আর শ্রোতারা অনেকক্ষণ বসে একঘেয়ে বক্তৃতা শুনে বিরক্ত হয়ে ওঠে। অতএব মাঝে মাঝে যদি আমরা মনোরঞ্জক কিছু বলি তাহলে তারা মনোযোগ সহকারে আমাদের ভাষণ শুনতে থাকবে।

ভাষণে আবেগের প্রতি বিশেষ দৃষ্টি :

বক্তা যদি ভাষণের মাধ্যমে শ্রোতাদের আবেগকে বুঝতে সফল হয়, তবে নিশ্চয় সে একজন সফল বক্তা হয়ে উঠবেন। শ্রোতাদের সুক্ষ্ম অনুভূতিকে ছুঁয়ে ভাষণ প্রস্তুত করা বক্তাদের এক গুরুত্বপূর্ণ বিষয়। আপনারা দেখবেন কিছু পত্রিকা হৃদয়বিদারক খবর ছেপে পাঠকদের আকর্ষণ করে। সাংবাদিকতার কোর্সে এই বিষয়কে বিশেষভাবে পড়ানো হয়। অনুভূতিকে কীভাবে ছুঁয়ে যাওয়া যায় সে ব্যাপারে একটা ছোটো উদাহরণ দেওয়া যাক।—যদি আপনি কোনো রেল দুর্ঘটনার বর্ণনা করছেন, তাহলে আপনাকে—কবে, কোথায়, কখন, কীভাবে—এর উত্তর দিতে হবে। আপনার বর্ণনা প্রায় এরকম হবে—“দিল্লীতে 12 আগস্ট সব্জী-মণ্ডী রেলওয়ে স্টেশনের পাশে এক ভয়ানক রেল দুর্ঘটনাতে প্রায় 50 জন মহিলা এবং 125 জন পুরুষ মারা গেছে। 400 কাছাকাছি আহত হয়েছে। আহতদের কাছাকাছি জয়প্রকাশ নারায়ণ এবং রামমনোহর লোহিয়া হাসপাতালে ভর্তি করা হয়েছে। কিন্তু এই খবরে এমন কোনো শব্দ নেই যা শ্রোতাদের মনোযোগ আকর্ষণ করতে পারে। কিন্তু যদি এই খবরেই যুক্ত করা যায় যে—‘এই দুর্ঘটনাতে একজন শিশুও ছিল। তার মায়ের সেই মুহূর্তে মৃত্যু হয়ে গেছে। কিন্তু শিশুটি তার কোল থেকে ছিটকে ঘাসের ওপর পড়ে, সে বেঁচে যায়, তার

সামান্য আঁচড়ও লাগেনি।' এতে শ্রোতাদের মনে এক বেদনাদায়ক অনুভূতি ছুঁয়ে যাবে এবং তারা সেটাকে মনেও রাখবে। ভাষণের মাধ্যমে শ্রোতাদের মনোমত ব্যক্তিদের শ্রদ্ধাঞ্জলি জানিয়েও তাদের মনে সুক্ষ্ম অনুভূতি সৃষ্টি করতে পারেন।

ভাষণে খুশীর মহত্ব :

প্রতিটি মানুষই চায় সে খুশী থাকুন। একজন সফল বক্তার চেহারাতেও খুশী থাকে। বিশেষ করে সে যখন আত্ম-প্রত্যয়ের সাথে বক্তৃতা দেয়। একজন শ্রোতাকেও তার উপলব্ধির জন্য ধন্যবাদ জানিয়ে তাকে খুশী করা যায়। ভাষণে কোনো কোটেশন, কবিতা বা প্রবাদ-বাক্য শুনিয়ে শ্রোতাদের খুশী করা যায়। একজন বক্তা যখন তার নিজের অনুভূতি বা উপলব্ধিকে বর্ণনা করেন তখন তার চেহারাতেও এক খুশীর ঝলক দেখা যায়। যদি আপনি শ্রোতাদের খুশী করতে সফল হয়ে যান তবে তাদের চেহারা দেখেই আপনার চেহারাও খুশীতে ভরে উঠবে। কারণ আপনার ভাষণের সফলতা আপনি আপনার শ্রোতাদের চেহারাতে দেখতে পাবেন। যদি আমরা কোনো ব্যক্তিকে শ্রদ্ধাঞ্জলী দিতে চাই তবে নিজের দিক থেকে নিজের ভাষাতেই শ্রদ্ধাঞ্জলি দিই, তাতেও আমাদের আনন্দলাভ হবে।

ভাষণ এবং আমাদের স্বাস্থ্য :

মহাত্মা গান্ধী বলেছেন—'সুস্থ্য শরীরেই সুস্থ্য আত্মা বাস করে।' যদি আমরা শারীরিক দিক থেকে সুস্থ্য হই, তবে আমাদের আওয়াজ, অর্থাৎ উচ্চারণও সঠিক এবং প্রভাবশালী হবে। শরীরকে সুস্থ্য রাখার সাথে সাথে আপনাকে মনে রাখতে হবে যে মনকে কীভাবে উদ্বিগ্নমুক্ত রাখা যায়। যে বক্তা নিজেকে চিন্তামুক্ত রাখতে সক্ষম, ভীরুতা তাকে ছুঁতেও পারে না। ফলে এক্ষেত্রে তার সফলতা কেউ বুখতে পারেনা। চিন্তা-শূন্য ব্যক্তিরা সর্বদা প্রসন্ন থাকেন। অর্থাৎ তাদের ধারে-কাছে কোনো রোগও আসতে পারেনা। যদি আপনি শ্রোতাদের প্রসন্ন থাকার জন্য বলেন, তাহলে তারা আপনার বিষয়কে আরও গভীর মনোযোগের সাথে শুনবে। কারণ আজকাল বেশীর ভাগ লোকই নিজেদের স্বাস্থ্য নিয়ে অত্যন্ত চিন্তিত থাকেন। অতএব ভাষণে

স্বাস্থ্য সম্বন্ধে একটা ছোটো অংশ যোগ করার ফলে আপনাকে সফল বক্তা হতে অনেকটা সাহায্য করবে।

ভাষণে প্রেম ও ভালোবাসার গুরুত্ব :

আমাদের মধ্যে অধিকাংশ লোক চান যে তারা প্রেম ও ভালোবাসার মধ্যে বসবাস করেন। আমি বিশ্বাস করি প্রত্যেকে এই বিষয়কে খুব যত্নের সঙ্গে শুনবে। বিশেষ করে যুবক সম্প্রদায় এই ব্যাপারে বেশী আগ্রহী। অধিকাংশ বক্তা বিয়ে সম্বন্ধে ভাষণ দেওয়ার সময় এই বিষয়কে তার বক্তব্যে সামিল করে থাকেন।

ভাষণে মনোরঞ্জনের স্থান :

ভাষণে মনোরঞ্জক বিষয় যুক্ত করা একান্ত গুরুত্বপূর্ণ। তা না হলে শ্রোতারা ভাষণ শুনতে শুনতে বিরক্ত হয়ে যাবেন। আমি এমন অনেক মহান বক্তাদের দেখেছি, যারা গম্ভীর বক্তৃতা দেওয়ার সময়ও কিছু হাস্যরসের উপস্থাপন করেন যাতে শ্রোতারা ধ্যান দিয়ে তাদের ভাষণ শোনেন এবং পরিবেশও একটু হালকা হয়ে ওঠে। আপনি যদি একটা সাধারণ বক্তৃতাও দেন, এবং শ্রোতারা তা গ্রহণও করছে তবুও আপনি একটা মনোরঞ্জক গল্প শোনাতে দ্বিধা করবেন না। ভাষণ এমন হওয়া উচিত যাতে শ্রোতারা বাড়ী যাওয়ার পথেও সেটা নিয়ে আলোচনা করতে থাকে।

বিশ্বাস :

যখন একজন ভালো বক্তা মঞ্চের ওপর তার বক্তব্যকে উপস্থাপন করতে যাচ্ছে, তখন তার বিশ্বাস থাকা দরকার যে তার বিচারভঙ্গি দিয়ে শ্রোতাদের চিন্তা-ভাবনাকে বদলে দিতে পারবেন। যদি বক্তার নিজের ওপর বিশ্বাস না থাকে, তবে শ্রোতারাও অধৈর্য্য হয়ে যাবে এবং সমস্ত বিষয় নীরস হয়ে যাবে। শ্রোতাদের মধ্যে বসে থাকা ব্যক্তিদের কয়েকজনেরও যদি আত্মবিশ্বাস জাগিয়ে তুলতে পারেন তো নিশ্চয় আপনি একজন সফল বক্তা।

ভাষণকে সমৃদ্ধ করে তুলুন

যে কোনো ভাষণের সফলতার জন্য প্রয়োজন বক্তব্য যেন সমস্ত দিক থেকে সমৃদ্ধ হয়। একবার আমি দু'জন বক্তার ভাষণ শুনেছি। প্রথম বক্তা 'পরিবার পরিকল্পনা'র সম্বন্ধে ভাষণ দিচ্ছিলেন। আর দ্বিতীয়জন এর বিপক্ষে। প্রথম বক্তার ভাষণের প্রতি শ্রোতারা বিশেষ আগ্রহ প্রকাশ করেনা। কিছুলোক ভাষণের মাঝেই উঠে চলে যায়। কিন্তু যখন দ্বিতীয় ব্যক্তি বিষয়ের বিপক্ষে ভাষণ দেওয়া শুরু করে তখন সমস্ত লোক খুবই আগ্রহের সঙ্গো মন দিয়ে ভাষণ শুনতে থাকে। এদিক-ওদিক থেকে পথচারীরাও তা শোনার জন্য দাঁড়িয়ে পড়ে। আমি নিজেকে প্রশ্ন করি এরকম কেন হলো? যেখানে প্রথম ব্যক্তির ভাষণ লোকেদের শোনা উচিত ছিল। আসলে প্রথম ব্যক্তির ভাষণে কোনো সজবীতা কিংবা আকর্ষণ ছিল না যা বক্তাদের তার দিকে আকর্ষিত করতে পারে। মনে হচ্ছিল কোনো ব্যক্তিকে জোর করে মঞ্চের উপর দাঁড় করিয়ে দেওয়া হয়েছে। সে নিজেকে ভাষণের সাথে একাত্ম করতে পারছিলেন না। সেখানে দ্বিতীয় জনের ভাষণ অত্যন্ত সজীব এবং আকর্ষক ছিল। তা বর্ণনা করার সময় তার হাত নিজেই নিজেই ব্যবহৃত হচ্ছিল। সে চাইছিল যে বেশীর ভাগ শ্রোতা তার ভাষণে সামিল হো'ন। তার জন্য তিনি পুরোপুরি চেষ্টাও করছিলেন।

আমি মনে করি, সজীবতা, সমৃদ্ধতা ও আকর্ষণ এক সফল ভাষণের জন্য অত্যন্ত আবশ্যক। এই গুণগুলি ছাড়া কোনো বক্তা সফল ভাষণের কামনাও করতে পারেনা। আমি ভাষণকে সমৃদ্ধ ও আকর্ষক করে তোলার জন্য কয়েকটি উপায় বলব। গলার

স্বরকে প্রভাবশালী করে তোলার জন্য কয়েকটি ব্যায়ামও জানাবো। যাতে আপনি শব্দের সঠিক উচ্চারণ করতে পারেন। সঠিক উচ্চারণ না হওয়ার জন্য আমাদের পৌরাণিক গাথার এক নায়ক কুম্ভকর্ণ সদা ঘুমিয়ে থাকার বর লাভ করেন। অনেক বৎসর তপস্যার পরে যখন তার বর চাওয়ার সময় আসে তখন কুম্ভকর্ণ ইন্দ্রাসন চাইলেন। কিন্তু ব্রহ্মা তাকে শুনলেন নিদ্রাসন। তার ফলে সে ইন্দ্রাসনের পরিবর্তে সর্বদা ঘুমিয়ে থাকার বর লাভ করেন। কিন্তু আমার বিশ্বাস ভাষণকে সমৃদ্ধ করার যে উপায়গুলি আমি দিয়েছি, তা গ্রহণ করলে আপনি নিশ্চয়ই একজন ভালো বক্তা হতে সফল হবেন।

বিষয় নির্বাচন :

আপনি সর্বদা এমন বিষয় নির্বাচন করুন যার সাথে আপনি নিজে সহমত পোষণ করেন। তা না হলে সেই বিষয়কে আপনি আকর্ষক করে তুলতে পারবেন না। উদাহরণ স্বরূপ—যদি আপনি অন্তত চারটি বাচ্ছা জন্ম দেওয়ার পক্ষে থাকেন, তাহলে 'ছোট পরিবার' সম্বন্ধে ভাষণ কখনো আকর্ষক করে তুলতে পারবেন না। কারণ যতক্ষণ না আপনি আপনার বিষয়কে মনেপ্রাণে গ্রহণ না করবেন বা বিশ্বাস না করবেন ততক্ষণ আপনার আশা করাই উচিত নয় যে আপনার ভাষণ শ্রোতারা সাগ্রহে শুনবেন। কিন্তু যে বিষয়ে আপনি বিশ্বাস করেন, সে বিষয়ে ভাষণ দিলে আপনার ভাষণও আকর্ষক হবে এবং আপনি আপনার উদ্দেশ্যে সফলও হবেন। যদি আপনার বিষয় আপনার অনুভূতি, আপনার পছন্দের উপর আধারিত, কিংবা এমন বিষয় যাতে আপনি যথেষ্ট জ্ঞান অর্জন করেছেন, তবে নিঃসন্দেহে আপনার ভাষণ অদ্বিতীয় হয়ে উঠবে।

ভাষণের অলংকরণ :

আমি দেখেছি যে, বেশীরভাগ বক্তাই মনে করতে থাকেন যে তাদের নির্বাচিত বিষয়কে শ্রোতারা গ্রহণ করবে কি করবে না। এক্ষেত্রে আপনার পুরোপুরি পরিশ্রম ও চেষ্টার সাথে বিষয় সম্বন্ধে খোঁজ-খবর একত্রিত করতে লাগা উচিত, যাতে

আপনি নিজের বিষয়কে অলংকৃত করতে পারেন। একটা খুব ভালো বিষয়ও শ্রোতাদের উদাসীন করতে পারে, যদি তাকে সঠিক উপায়ে পরিবেশন না করা যায়। একবার আমি একজন বক্তার ভাষণ শুনছিলাম। আমার পাশে বসা একজন বিখ্যাত সাহিত্যিকের সাথে কথা বলছিলাম। তিনি বললেন—ভাষণের শেষভাগ অত্যন্ত ভালো লেগেছে। এর কারণ জিজ্ঞাসা করাতে তিনি বললেন বক্তা ভাষণের শেষ পর্যায়কে অত্যন্ত সহজ ও অলংকারযুক্ত করে তুলেছেন। যার জন্য শেষভাগ অত্যন্ত সজীব মনে হচ্ছিল।

সুন্দরভাবে শুরু করা :

ভাষণের শুরুতে আপনার মুখ থেকে নির্গত শব্দ শ্রোতাদের ঔৎসুক্য বাড়াতে সাহায্য করতে পারে আবার নিরাশও করতে পারে। সেজন্য ভাষণের শুরুটা অত্যন্ত আকর্ষণীয় হওয়া আবশ্যক। ভাষণ শুরু হওয়ার সাথে সাথেই শ্রোতাদের যেন মনে না হয় যেন তারা ভাষণ শোনার জন্য সময় নষ্ট করছে। ভাষণের মাধ্যমে কেউ পরিভাষা শুনতে পছন্দ করে না। তবে যদি পরিভাষা দিতেই হয় তবে তা বইয়ের ভাষাতে দেবেন না। প্রথমে পরিভাষাকে আপনি পড়ে নিন। তারপর ভেবে নিয়ে, বুঝে নিন পরিভাষাতে কি বলতে চেয়েছে, সেটা আপনি আপনার নিজের ভাষায় শ্রোতাদের সামনে তুলে ধরুন। একবার একজন বক্তাকে সাঁতারের ব্যাপারে ভাষণ দিতে বলা হয়েছিল। তার সাঁতার সম্বন্ধে কোনো জ্ঞান ছিল না। তিনি বই পড়ে এই বিষয়ে ভাষণ দিয়ে দেন। কিন্তু শ্রোতারা তাতে বিশেষ সন্তুষ্ট হ'ন না। ভাষণের শেষ হওয়ার আগেই অনেক শ্রোতা উঠে চলে যান। যখন তিনি আমাকে তার অসফলতার কারণ জিজ্ঞাসা করেন, আমি তাকে সুইমিংপুলে নিয়ে যায়। যেখানে সে বিভিন্ন লোককে বিভিন্নভাবে সাঁতার কাটতে দেখে। সাঁতারের প্রতিটি উপায়ের প্রতি তিনি লক্ষ্য দেন। প্রতিদিন সে সাঁতারের সম্বন্ধে জ্ঞান লাভ করতে থাকে। পরে আমি তাকে সমুদ্রের ধারে নিয়ে গেলাম। সে সমুদ্রের গভীর জলে লোককে সাঁতার কাটতে দেখে আর খুব ভালোভাবে বুঝতে পারে। তারপর তাকে আমি এই বিষয়ে বই পড়ার জন্য বলি। নৌসেনার চালকদের সাথে তার পরিচয় করিয়ে দিই। এত সমস্ত কিছুর পর যখন তাকে এই বিষয়ে ভাষণ দিতে বলা হয়, তখন সে অত্যন্ত আন্তরিকতার সাথে ভাষণ দেন। বিষয়কে খুব

সুন্দরভাবে তিনি লোকেদের বোঝাচ্ছিলেন। সাঁতার শেখার পদ্ধতি বোঝাবার জন্য তার হাত-পা অনায়াসে ব্যবহৃত হচ্ছিল। এব্যাপারে সে অত্যন্ত সজীবভাবে ভাষণ দেন যা সকলেই গ্রহণ করতে পারছিল। অতএব সোজা কথা যখন আমরা একটা বিষয়ের সাথে নিজেকে যুক্ত করতে না পারি। ততক্ষণ সফল তথা সজীব ভাষণ দেওয়া সম্ভব নয়। ভাষণের মাধ্যমে আপনি কিছু ভালো উদাহরণ অথবা প্রবাদবাক্য প্রয়োগ করতে পারেন। আপনি কোন কবিতার অংশ পড়বেন না। হতে পারে আপনি কোনো কবির কবিতা ভালোবাসেন, কিন্তু সেগুলি একাকি পাঠ করে আনন্দলাভ করুন, শ্রোতাদের সামনে নয়। কারণ ভাষণের মাধ্যমে কোনো শ্রোতা কবিতা শুনতে পছন্দ করে না। কিন্তু ভাষণে ছোটো ছোটো হাসির কথা বা প্রসঙ্গ তুলতে পারেন। তা শোনাবার পূর্বে তার উল্লেখ করবেন না। তাহলে সেটার কোনো মহত্ব থাকবে না।

হাস্যরসের সাহায্য :

ভাষণের বিষয় যাই হোক না কেন, শোনার সময় তারা হাসতে চায়। যখন শ্রোতারা হাসে তখন তাদের তরতাজা ও সজীব মনে হয়। এইরকম পরিস্থিতিতে শ্রোতাদের যা বলা হয়, তাই তারা আনন্দ সহকারে শুনতে থাকে। এমনিতেই শ্রোতাদের হাসানো কোনো সহজ কাজ নয়। এরজন্য আপনাকে যথেষ্ট চেষ্টা করতে হবে। প্রথমদিকে শ্রোতাদের হাসাতে পারা একটু কঠিন। কিন্তু দীর্ঘদিনের প্রয়াসে সেটা সহজ হয়ে যায়। ভাষণের মাধ্যমে কারোর প্রতি কটাক্ষ না করা হয় সেদিকে লক্ষ্য রাখতে হবে। অন্যের নাম নেওয়ার পরিবর্তে নিজের নাম নিন। একটা কথা সর্বদা মনে রাখবেন আপনার ঠাট্টা-তামাশার জন্য অন্যের জাতি-ধর্ম-সম্প্রদায়ের প্রতি আঘাত না হানে। ঠাট্টা-তামাশা একটা স্তর পর্যন্ত হওয়া উচিত। নিম্নমানের অথবা অভদ্র ঠাট্টা-তামাশা কিছুলোকের হয়ত ভালো লাগতে পারে কিন্তু বেশিরভাগ লোকই তা পছন্দ করবে না। ভাষণের ভাষা একদম সোজা-সরল, সাদাসিধে হওয়া উচিত। যাতে সমস্ত লোক সেটা সহজেই বুঝতে পারে।

বিষয়ের প্রতি আকর্ষণ :

আপনার আশপাশের ঘটনাকে নিজের ভাষণে সামিল করুন। তারজন্য প্রয়োজন

নিজের চোখ এবং কান খুলে রাখা। ভাষণের প্রস্তুতি এমন হওয়া উচিত যে সেই ভাষণ শ্রোতাদের মাথায় গিয়ে বহুদিন পর্যন্ত যেন তা মনে থাকে। কারগিলের যুদ্ধে ভারতের অনেক সৈনিক মারা গেছেন এবং অনেকে আহত হয়েছেন। এই লোকেদের জন্য অনেক সংস্থা আর্থিক সহায়তা করেছে। কারগিলের জন্য অর্থ সংগ্রহের জন্য এক সমারোহতে একজন প্রেসফটোগ্রাফারও এক ভাষণ দেন। তিনি নিজের চোখে সমস্ত দেখেছিলেন এবং সৈনিকদের এমন কিছু মৃতদেহ দেখেছিলেন যাদের পাকিস্থানিরা শকুনের মতো ক্ষতবিক্ষত করে দিয়েছিল। তিনি লোকেদের বলেন কীভাবে আমাদের সৈনিকদের নাক-কান কেটে, সারা শরীরে অস্ত্রাঘাত করে তার মুখে পিস্তল রেখে তাকে হত্যা করেছে। গুলি মগজ ভেদ করে বেরিয়ে গেছে। এই ধরনের সজীব চিত্রসম্পন্ন ভাষণ শুনে শ্রোতাদের চোখ জলে ভরে আসে। সকলের গলা ভারি হয়ে আসে। তখন সমস্ত ভাবুকরা মন খুলে শহীদদের জন্য দান করতে থাকে। এমনকি যারা মজদুরি করে পেট ভরান তারাও তাদের সঞ্চিত ধন থেকে কিছু অংশ দান করে। এইভাবে সে তার নিজের শব্দের সাহায্যে লোকেদের মনে এমন করুণার উদয় করতে সমর্থ হয় যে অতি বড়ো কৃপণও দান করতে বাধ্য হয়। সমস্ত শ্রোতাদের মনে হচ্ছিল তারা যেন স্বচক্ষে দেখতে পাচ্ছে। এইরকম সমস্ত বক্তার পক্ষে সম্ভব হয় না, যারা প্রতিটি ক্ষেত্রে অত্যন্ত সুক্ষ্মভাবে বিষয়কে পরিবেশন করতে পারে। এরজন্য প্রয়োজন নিজেদের জ্ঞান বৃদ্ধি করা।

বিভিন্ন বিষয়ে অভিজ্ঞতা অর্জন করা :

যদি আপনাকে মহাপুরুষ সুভাষচন্দ্র বসুর জীবন সম্বন্ধে ভাষণ দিতে বলা হয়, তাহলে এরজন্য তাঁর সাথে থাকার প্রয়োজন নেই। কিন্তু তার জন্য অন্য উপায় হলো সে সম্বন্ধে জ্ঞান অর্জন করা। তাঁর সম্বন্ধে বিভিন্ন বই পড়া, আর আলাদা আলাদা লেখকের চিন্তা-ভাবনাকে গ্রহণ করতে হবে। যখন এই বিষয়ের উপর আট-দশটা বই পড়বেন, তাহলে নিজেই তৈরী করে নিতে পারবেন যে তিনি কেমন ব্যক্তি ছিলেন। এইভাবে আপনি আলাদা আলাদা বিচার-ভাবনাকে একত্রিত করে তার সাথে নিজের চিন্তাধারাকে সংযুক্ত করে একটা সুন্দর ভাষণ তৈরী করে শ্রোতাদের সামনে উপস্থাপিত করতে পারবেন। কোনো বিক্রেতা কোম্পানী তখনই সফল হতে পারেন, যদি তার

উৎপাদন সম্বন্ধে সম্পূর্ণ জ্ঞান থাকে। যতবেশী জ্ঞান বিক্রেতার থাকবে ততবেশী সে গ্রাহকদের আকর্ষিত করে জীবনে সফল হতে পারবে। জ্ঞান মানুষকে তেজস্বী ও শক্তিবান করে তোলে। একজন বিক্রেতার মতো একজন বক্তাও তার উদ্দেশ্যতে তখনই সফল হতে পারেন, যদি তার কাছে বিষয় সম্বন্ধে যথেষ্ট জ্ঞান থাকে।

যদি আপনি সেইসব পুলিশ যারা লালবাতি উল্লঙ্ঘন করলে জরিমানা করে, তাদের সম্বন্ধে ভাষণ দিতে চান, তবে আপনার সেই সম্বন্ধে সজীব জ্ঞান থাকা প্রয়োজন। কিন্তু আপনাকে সেটা অন্যের চোখে দেখার চেয়ে শ্রোতাদের বলুন যে আপনার সঙ্গো ঘটনাটা ঘটেছে। ধরা পড়ার পর কীভাবে পুলিশ আপনাকে লাইসেন্স কেড়ে নিয়ে জরিমানা করেছে। সেই সময় কী কী চিন্তা আপনার মনে এসেছিল। আপনার কী মনে হচ্ছিল। এর থেকে ভালো চিত্র তুলে ধরতে আর কে পারবে? সঠিক শব্দ অর্থাৎ উচিত ভাষাকে প্রয়োগ করে এই ভাষণ তৈরী করুন। সেই ভাষণ শুনে শ্রোতারা অবশ্যই প্রভাবিত হবেন। একজন বক্তা তার বিষয়ে জ্ঞান অর্জন করার জন্য যে পরিশ্রম করে, যতটা ঔৎসুক্য অর্থাৎ আন্তরিকতা দেখায়, ভাবার সময় তার ভিতরেও সেই ততটাই শক্তির সঞ্চার হয়। এই অর্জিত শক্তি দ্বারা বক্তার নিজের উপর বিশ্বাস বাড়ে অর্থাৎ সে আরও বেশী আন্তরিকতা ও উৎসাহের সাথে ভাষণ দেয়। ভাষণ দেওয়ার সময় কখনই নিজের ভিতরের ভাবনাকে চেপে রাখবেন না কিংবা নিজের ভিতরে উৎসারিত আবেগকে চেপে রাখবেন না। ভাষণের মাধ্যমে শ্রোতাদের মনে হওয়া উচিত যে আপনি আপনার বিষয়ে ভাষণ দেওয়ার জন্য অত্যন্ত উৎসুক।

আবেগপুর্ণ হয়ে উঠুন :

যখন আপনি মঞ্চের উপর শ্রোতাদের সামনে ভাষণ দেওয়ার জন্য উপস্থিত হবেন তখন আপনার মধ্যে একটা আবেগ থাকা অত্যন্ত আবশ্যক। কিছু লোক মঞ্চে যাওয়ার সময় এত ঘাবড়ে যায় যেন মনে হয় সে ফাঁসির মঞ্চে যাচ্ছে। আপনি মঞ্চের উপর কতটা উৎসাহের সঙ্গো যাচ্ছেন তাতেই শ্রোতারা অনুভব করতে পারবে যে আপনার কাছে ভাষণ দেওয়ার জন্য কতটা আবেগ ও ঔৎসুক্য আছে। যদি মঞ্চে যাওয়ার আগে আপনার চোখ ও মুখমণ্ডল ঘেমে ওঠে তাহলে জল দিয়ে তা ধুয়ে পরিষ্কার করে নিন। কারণ চোখ মানুষের মনের আয়না, চোখ দেখেই মানুষ তার

মানসিক অবস্থা বুঝতে পারে। যখনই আপনার ডাক পড়বার সময় হবে তখনই আপনি উঠে দাঁড়াবার জন্য তৈরী থাকুন। কারণ ওঠার সময় যদি মেঝেতে আপনার পা ফসকে যায় বা চেয়ার উলটে যায় তাহলে শ্রোতাদের মনে আপনার প্রতি খারাপ প্রভাব পড়বে, তারা আপনাকে দেখে হাসবে। মঞ্চে যাওয়ার আগে আপনি একটা লম্বা নিঃশ্বাস নিন। যাতে আপনার ফুসফুস তাজা হাওয়ায় ভরে যায় এবং সমস্ত চিন্তা, ভয় আপনার নিঃশ্বাসের সাথে বেরিয়ে যায়। যদি আপনি মঞ্চের উপর দৃপ্ত ভঙ্গিতে উপস্থিত হ'ন তাহলে শ্রোতারা তাদের আগ্রহের সঙ্গে আপনাকে স্বাগত জানাবে। তখন আপনি শুদ্ধ উচ্চারণ ও বাক্যে আপনার ভাষণ উপস্থাপন করতে পারবেন। আপনার ভাষণের প্রতিটি ভাগে শ্রোতাদের কিছু না কিছু পূর্ণ সন্ধান দেবেন। একটা কথা সবসময় মনে রাখবেন আপনার দেওয়া তথ্য যেন সম্পূর্ণ সত্য হয়। মাইক্রোফোনের সামনে যাওয়ামাত্র আপনার মনে হওয়া উচিত আপনি যেন একজন সেনানায়ক আর আপনার সামনের শ্রোতারা আপনার অধীন। এই চিন্তা-ভাবনাকে আপনার নিজের ভিতরে এক বিশ্বাস আর অনুভূতি সৃষ্টি করবে।

ব্যঙ্গ করবেন না :

আপনি আপনার ভাষণে হাস্যরসের প্রয়োগ করে তাকে আবেগপূর্ণ এবং হাস্যরসাত্মক করে তুলতে পারেন। কিন্তু তাকে কখনই অসভ্যতার পর্যায়ে টেনে নিয়ে যাবেন না। সবচেয়ে ভালো আপনি আপনার জীবনে ঘটে যাওয়া হাসির ঘটনাগুলিকে ভাষণের মাধ্যমে তুলে ধরুন। আমি নিশ্চিতভাবে বলতে পারি শ্রোতারা সেই প্রসঙ্গকে অতি অবশ্যই গ্রহণ করবে। আপনার চেষ্টা হবে ব্যঙ্গ নিজের উপরই হোক, সেটা যেন অন্যের উপর না হয় এবং কাউকে দুঃখ না দেয়। একজন ভালো বক্তা হিসাবে কোনো জাতি, ধর্ম, ব্যক্তির উপর ব্যঙ্গ করা উচিত নয়। আমি দেখেছি কিছু লোক এই ধরনের নিম্নস্তরীয় ব্যঙ্গ শুনতে পছন্দ করে, কিন্তু আপনি একজন উচ্চস্তরীয় বক্তা হিসাবে এই ধরনের লোকেদের খুশী করার জন্য নিজের বক্তব্যের মান নিচু করবেন না।

মূল বক্তব্যের পুনরাবৃত্তি :

ভাষণের শেষে আপনাকে বিশেষ বিশেষ অংশগুলিকে পুনরাবৃত্তি করতে হবে। যদি শ্রোতাদের প্রথমে কোনো সন্দেহ থেকে গিয়ে থাকে, তবে এতে তা দুর হয়ে যাবে। কিন্তু একটা ব্যাপার বিশেষভাবে মনে রাখতে হবে যে কথাগুলি আপনি পুনরাবৃত্তি করলেও সেগুলি যেন হুবহু আগের মতোই না হয়। অনেক বক্তা তো শ্রোতাদের জন্য কিছু সময় রেখে দেন। একে প্রশ্ন-কালও বলা যায়। এই সময়ে শ্রোতা বক্তাকে এক-এক করে প্রশ্ন করে আর বক্তা তার উত্তর দেন। প্রশ্নকালে যদি কোনো শ্রোতা আপনাকে কোন তথ্য জানান তাহলে আপনারও তাকে স্বাগত জানানো উচিত।

রেখাচিত্র তৈরী করুন :

আপনি আপনার ভাষণে কী বলতে যাচ্ছেন অর্থাৎ কোন কোন বিষয়কে যুক্ত করবেন তার একটা রেখাচিত্র তৈরী করে নিন। রেখাচিত্র এমন একটা জিনিস যার সাথে আপনি আপনাকে মঞ্চ পর্যন্ত নিয়ে যেতে পারবেন। এতে আপনার সাহসও বাড়বে, আর মনেও থাকবে আপনি কী কী বলেছেন আর পরে কী কী বলতে হবে। এটা আপনাকে গাণিতিক সংখ্যাকে মনে রাখতে সাহায্য করবে। এতে আপনি মনে করতে পারবেন যে আপনি ভাষণের কতটা অংশ পুরো করতে পেরেছেন আর কতটা বাকি আছে, যাতে সময়ের মধ্যে সমস্ত ভাষণকে সম্পূর্ণ করতে পারেন।

ভাষণের মুখ্য অংশ :

একটি ভাষণকে মোট মুখ্য তিনটি অংশে ভাগ করা হয়—শুরু, মূল অংশ এবং অবশিষ্ট। এই তিনটি অংশে বিষয়টিকে ভাগ করার পর আপনি একটা কাঁচা রেখাচিত্র তৈরী করে নিন। আপনার ভাষণে আপনার মুখ্য উদ্দেশ্য কী অর্থাৎ কী সংকেত দেওয়ার আছে। কী কী বিশেষ খবর আপনি জনতাকে জানাতে চান। এই সমস্ত কথাগুলি আপনি একটি কাগজে লিখে নিন। শুরু, মুখ্য এবং অন্তিম ভাগে সমস্ত বিষয়টি নিবন্ধ করে নিতে পারলে আপনার সেটাকে নিজের সময় সীমার মধ্যে

রাখতে সুবিধা হবে। যদি আপনি ভাষণের মাধ্যমে কারোর বলা বক্তব্য উদ্ধৃত করতে চান, সেটাও লিখে রাখুন। প্রতি অংশে অন্তত আপনাকে পাঁচমিনিট করে সময় দিতে হবে। যদি সময় কম হয় তবে বক্তব্যের শীর্ষবাক্যকে এক লাইনেই বলার চেষ্টা করুন। ভাষণের শুরু, মুখ্যভাগ এবং অবশিষ্ট ভাগ অর্থাৎ আপনার বিষয় সম্বন্ধে লেখার পর তাকে ছোট ছোট অংশে ভাগ করে নিন। ভাষণের রেখাচিত্রে শুধুমাত্র মুখ্য অংশগুলিকেই একত্রিত করুন। এমনভাবে লিখুন যাতে দেখামাত্রই ভাষণের সম্পূর্ণ অংশই মনে পড়ে যায়। রেখাচিত্রতো শুধুমাত্র আপনাকে ভাষণের লক্ষ্য মনে করিয়ে দেবে। অতএব সেটা যত সংক্ষিপ্ত হবে ততই ভালো। যদি আপনার কিছু শব্দ দেখলেই পুরো বিষয় মনে পড়ে যায়, তাহলে পুরো লেখার দরকার নেই। কারণ রেখাচিত্র শুধুমাত্র আপনার নিজের জন্যই, সেটা অন্য কাউকে জানানোর জন্য নয়। আবার রেখাচিত্র যেন দু'তিন পাতা জুড়েও না হয়, সেটা একটা পাতাতেই হওয়া উচিত।

যখন রেখাচিত্র আপনার সঙ্গে থাকবে তখন আপনার দুশ্চিন্তা হবেনা। কারণ আপনার এব্যাপারে ভয় থাকবে না যে আপনি কোন অংশ বাদ দিয়ে যাচ্ছেন। আমি অনেক বিষয়ে অনেকবার ভাষণ দিয়েছি কিন্তু, আমি সবসময় বিষয়ের রেখাচিত্র তৈরী করে নিজের সঙ্গে রাখি।

ভাষণের অভ্যাস :

আপনি কোন্ পরিস্থিতিতে ভাষণ দিচ্ছেন, বিষয় কী, শ্রোতা কীধরনের? এসমস্ত ব্যাপার মাথায় রেখে আপনি আপনার ভাষণ তৈরী করুন। যদি আপনি অনেক দিন পর অথবা প্রথমবার ভাষণ দিতে যান, তাহলে সবথেকে ভালো হবে আপনি নির্জন অর্থাৎ ফাঁকা বাড়িতে জোরে জোরে ভাষণ দেওয়া অভ্যাস করুন। অভ্যাসের জন্য আপনি ভাষণটি জোরে জোরে পড়তে থাকুন। ফলে আপনার গলার স্বরতন্ত্র ০খুলে যাবে। এই অভ্যাসের জন্য মঞ্চে ওঠার পর আপনি এক প্রভাবশালী ভাষণ দিতে সক্ষম হবেন। কিন্তু আপনি যদি বিনা অভ্যাসে মঞ্চে উপস্থিত হ'ন তাহলে কিছু শব্দের উচ্চারণের জন্য আপনার প্রতি শ্রোতাদের মনোভাব নষ্ট হবে। আর জেরে বলার জন্য গলার স্বরও নষ্ট হতে পারে। আপনি আয়নার সামনে দাঁড়িয়েও ভাষণ

দেওয়ার অভ্যাস করতে পারেন। এতে প্রতিফলিত হবে আপনি কতোটা বাস্তবিক এবং প্রাকৃতিক অবস্থাতে নিজেকে উপস্থাপনা করতে পারেন। যদি আপনার এমন কোনো বন্ধু না থাকে যে আপনার ভাষণ শুনে আপনার ভুল-ত্রুটিগুলি বলে দিতে পারে, তাহলে টেপরেকর্ডারের সাহায্য নিতে পারেন। এরজন্য আপনি একটা বন্ধ ঘরে চলে যান আর রেকর্ডার চালিয়ে আপনি চিন্তা করুন যে আপনি শ্রোতাদের সামনে ভাষণ দিচ্ছেন। তাতে আপনি বুঝতে পারবেন আপনি কি কি বিষয় ছেড়ে দিয়েছেন। তাতে আপনার গলার আওয়াজও কতটা গম্ভীর তা বুঝতে পারবেন। সেটা যদি আপনার পছন্দ মতো না হয় বুঝবেন সেটা শ্রোতাদেরও পছন্দ হবেনা। আপনি আপনার আওয়াজকে প্রভাবশালী করে তোলার চেষ্টা করুন। এভাবে দু'তিনবার অভ্যাস করার ফলে আপনার সমস্ত ভুল-ত্রুটি শুধরে যাবে অর্থাৎ আপনি আপনার বিষয়কে অত্যন্ত সজীবতা ও প্রত্যয়ের সাথে ব্যক্ত করতে সফল হবেন।

ভাষণে সময়ের গুরুত্ব :

ভাষণের অভ্যাসের সাথে সাথে আপনাকে আরও একটা বিশেষ লক্ষ্য রাখতে হবে সেটা হল সময়। আপনাকে আপনার ভাষণ সময়-সীমার মধ্যেই সম্পূর্ণ করতে হবে। যদি আপনার মনে হয় যে সময় কম তবে কম গুরুত্বপূর্ণ অংশগুলি ভাষণ থেকে বাদ দিতে পারেন। সবচেয়ে ভালো ভাষণের মুখ্য তিনটি অংশকে নির্দিষ্ট সময়ে নির্ণয় করুন। অভ্যাস করার সময়-সীমা আর শ্রোতাদের সামনে দেওয়া ভাষণের সময়-সীমার মধ্যে অনেকটা তফাৎ হতে পারে। কারণ যখন আমরা শ্রোতাদের সামনে ভাষণ দিই, তখন কয়েকবার তাদের হাসি বা অন্য প্রতিক্রিয়ার কারণে কিছু সময় চলে যায়। তবুও অভ্যাস করতে করতে আমাদের আন্দাজ হয়ে যায় যে আমাদের সম্পূর্ণ ভাষণে কতটা সময় লাগতে পারে।

ভাষণের ভাষা :

ভাষণের মাধ্যমে ছোট ছোট বাক্য প্রয়োগ করতে হবে। তাতে শ্রোতারা আপনার বক্তব্যকে সহজে বুঝতে পারে। মাইক্রোফোনের সামনে জোরে জোরে কথা বললে

শ্রোতারা কিছু বুঝতে পারবে না। আপনার বলা প্রতিটি শব্দ যেন শ্রোতারা বুঝতে পারে। আপনার বিষয়কে ব্যাখ্যা করার সময় তাড়াতাড়ি না বলে মাঝে কিছু সময় ব্যবধান রেখে বলা উচিত। এই অভ্যাসের জন্য আপনি "আকাশবাণী"র ঘোষকের উচ্চারণ শুনতে পারেন। ভাষণের মাধ্যমে যখন আপনি কোনো বিশেষ সূচনা শ্রোতাদের দিতে চান, তখন কিছুক্ষণ থামা উচিত। কারণ শ্রোতা যাতে সেটা শুনতে এবং বুঝতে পারার জন্য কিছু সময় পান। এতে আরও একটা লাভ হয় যে, এতে আপনি ভালোভাবে শ্বাস নিয়ে নিতে পারেন এবং পরবর্তী বক্তব্যকে স্মরণ করে নিতে পারেন।

প্রভাবশালী গলার আওয়াজ :

আমাদের গলার আওয়াজ পাতলা হওয়ার কারণ যতটা শারীরিকভাবে কম, কিন্তু মনোবৈজ্ঞানিকভাবে বেশী। বেশীরভাগ লোকের আওয়াজ নীচু হয় কারণ তাদের নিজেদের উপর বিশ্বাস থাকে না। যদি তাদের মধ্যে বিশ্বাসের জন্ম দেওয়া যায় অর্থাৎ তাদের বোঝান যায় যে, যদি তাদের আওয়াজের উন্নতি করা যায়, তাহলে সে নিশ্চয় চেষ্টা করে সফল হবে। আওয়াজকে প্রভাবশালী করে তোলার জন্য নিজের ভিতর বিশ্বাস উৎপন্ন করতে হবে। নিঃশ্বাসের উপর নিয়ন্ত্রণবিধিও উপকার দিতে পারে। এখানে আমি কিছু ব্যায়ামের কথা বলছি, যা প্রয়োগ করে আপনি আপনার আওয়াজকে প্রভাবশালী করে তুলতে পারেন।

১. এক থেকে দশ পর্যন্ত গুনুন। আস্তে আস্তে শুরু করুন তারপর জোরে জোরে গুনুন। কিন্তু খেয়াল রাখবেন আপনার আওয়াজ যেন না বদলায়। যদি জোরে জোরে বলার জন্য আপনার স্বর ফেটে যায় তবে সেটা তিন-চার দিন পর্যন্ত অভ্যাস করুন।

২. এরপর গোনার উচ্চারণ একটু মোটা আওয়াজে করুন। একবার এক-দশ পর্যন্ত সোজা গোনার পর দশ-এক পর্যন্ত উল্টো গুনুন। সম্পূর্ণ গোনার প্রক্রিয়াতে আপনার আওয়াজ মোটাই থাকবে।

৩. এবার আপনি প্রথমে এক থেকে দশ পর্যন্ত মোটা আওয়াজে গুনুন। তারপর আবার আপনার স্বাভাবিক আওয়াজে গুনুন। এরজন্য আপনি টেপরেকর্ডারের সাহায্য নিতে পারেন। তাতে আপনার বিশ্বাস হবে যে মোটা আওয়াজ প্রভাবশালী হয়।

৪. উচ্চারণের সময় সর্বদা পেট থেকে আওয়াজ বের করতে চেষ্টা করবেন। সমস্ত রেডিও শিল্পীরা পেট থেকে আওয়াজ বের করে। সেই আওয়াজ অত্যন্ত প্রভাবশালী হয়। কারণ এতে অনেকবেশী হাওয়া আমাদের স্বরতন্তুর মাধ্যমে বেরিয়ে আসে। উচ্চারণ করার সময় আপনার গলা, কাঁধ বা ঘাড়ে যেন কোনোরকম উদ্বিগ্নতার চিহ্ন না থাকে।

আপনার আওয়াজকে ঠিক রাখার জন্য কিছু সাবধানতা অবলম্বন করতে হবে।—

১. যদি সম্ভব হয় কিছুক্ষণ ভাষণ দেওয়ার পর নিজের স্বরতন্তুকে কিছুটা আরাম দেওয়া দরকার। কিন্তু যদি ভাষণের মাঝে সেটা সম্ভব না হয় তবে লম্বা শ্বাস নিয়ে স্বরতন্তুতে পর্যাপ্ত বায়ু গ্রহণ করে নিজের গলাকে উদ্বিগ্নশূন্য রাখতে পারেন।

২. যদি আপনি আপনার আওয়াজকে দীর্ঘকাল পর্যন্ত প্রভাবশালী রাখতে চান তবে মদ, সিগারেট, তামাক থেকে নিজেকে দুরে রাখুন। কারণ এতে স্বরতন্তুর উপর একটা আস্তরণ পড়ে যায়। যা বার বার কেশে পরিষ্কার করা অসভ্যতা মনে হয়, আর তাতে ব্যাথাও অনুভব হয়।

৩. যতদূর সম্ভব দুধ থেকে তৈরী অর্থাৎ ঘি, মাখন, পনির জাতীয় খাদ্য অধিক পরিমাণে গ্রহণ না করাই ভালো। কারণ তাতেও গলার স্বরতন্তুর উপর একটা পাতলা আস্তরণ জমে যায়। তাতে আওয়াজ থেকে মিষ্টতা চলে যায়।

৪. আপনি রাতে অধিক পরিমাণে খাদ্য গ্রহণ করবেন না, কারণ এর থেকে যে অম্লতা উৎপন্ন হয় তাতে গলার স্বরকে প্রভাবিত করতে পারে। রাতে কখনো শুকনো গরম ঘরে শয়ন করবেন না কারণ গরমের জন্য বায়ু শুষ্ক হয়ে যায় এবং গলার স্বরকে খারাপ করে দেয়। সেজন্য রাতে শোবার সময় ঘরে ভিজে তোয়ালে রাখুন কিংবা একটি পাত্রে জল রাখুন।

৬. লম্বা ভাষণ দেওয়ার আগে কিছুক্ষণ অভ্যাস করে নিজের স্বরতন্তুকে একটু গরম করে নিন। ভাষণের সময় নিজেকে দুশ্চিন্তামুক্ত রাখুন। যদি সম্ভব হয় ভাষণের মাঝে একটু বিশ্রাম নিন এবং একটু জল খেয়ে গলা ভিজিয়ে নিন।

৭. যদি আপনার বিষয় সঠিক এবং সম্পূর্ণ তৈরী, বিষয় সম্বন্ধে সম্পূর্ণ জ্ঞান থাকে, আপনার কাঁধ সোজা থাকে, আপনার উচ্চারণ সঠিক অর্থাৎ ভাষাও প্রভাবশালী, তাহলে নিশ্চিত যে আপনি একজন সফল বক্তা।

প্রভাবশালী ভাষণ এবং প্রস্তুতিকরণ

পুরুষরা মনে করে যে মহিলারা অত্যধিক কথা বলে, কিন্তু আমি এমন অনেক পুরুষ দেখেছি যারা কথা বলা শুরু করলে আর থামার নাম করেনা। একবার এক মহান দার্শনিককে তাঁর স্ত্রী খুব আনন্দের সঙ্গো বলে ওঠে "দেখ দেখ আমাদের বাচ্চা কথা বলতে পারছে।" সেটা শুনে দার্শনিক উত্তর দেন যে—"মানুষের তো এটাই ভুল যে—সে কথা বলাতো তাড়াতাড়ি শিখে নেয়, কিন্তু চুপ করে থাকা অনেক দেরীতে শেখে।" এইভাবে অনেক বক্তাও মঞ্চে উঠেতো পড়ে কিন্তু তাদের না সময়সীমার জ্ঞান থাকে, না শ্রোতাদের ইচ্ছার। সেটাই বোঝানোর জন্য আমি ভাষণকে প্রভাবশালী করে তোলার বিভিন্ন পদ্ধতি তুলে ধরার চেষ্টা করছি।

সময়ের খেয়াল রাখুন :

যদি আপনি একজন সফল বক্তা হতে চান তো আপনাকে কম বলা ও বেশী শোনার অভ্যাস করতে হবে। যখন আমরা জনতার সামনে ভাষণ দিই তখন আমাদের সময়সীমার দিকে লক্ষ্য রাখতে হবে। আজ থেকে চোদ্দ বছর আগে আমাকে এই

উপদেশ দেওয়া হয়েছিল, আর আজ আমিই আপনাদের বোঝাচ্ছি। সফল বক্তা হওয়ার ইচ্ছুক ব্যক্তিদের এই উপদেশ অতি অবশ্যই মানতে হবে। যদি কেউ আপনাকে নিশ্চিত সময় নির্ধারিত না করে ভাষণ দিতে বলে তবুও আপনি আপনার ভাষণকে সময়সীমার মধ্যে রাখতে চেষ্টা করবেন। কিন্তু যদি আপনাকে আধ ঘণ্টা সময় দেওয়া হয় তবে সেটা আপনি 25 মিনিটেই সমাপ্ত করবেন। যদি আমরা মনে করি দীর্ঘক্ষণ ভাষণ দিয়ে শ্রোতাদের মনোভাবকে ধরে রাখতে পারবেন, তাহলে সেটা ভুল ধারণা। লম্বা ভাষণ শ্রোতাদের ক্লান্ত করে তোলে। ছোট কিন্তু সঠিক ভাষণ জনতাকে উদ্বুদ্ধ করে। যদি আপনার কাছে দশ মিনিট বলার মতো বক্তব্য আছে, কিন্তু সময় আছে মাত্র পাঁচমিনিট। তাহলে সঙ্গে সঙ্গে সেটা সংক্ষিপ্ত করে সমাপ্তির দিকে নিয়ে যাবেন। যদি সঙ্গে ঘড়ি রাখা পছন্দ না করেন তবে আয়োজকদের কাউকে জানিয়ে রাখবেন সময় পূর্ণ হওয়ার কিছুক্ষণ পূর্বেই যেন তারা আপনাকে সেই সূচনা দিয়ে দেয়। যদি আপনাকে লম্বা ভাষণ দিতে হয় তবে আপনি আপনার চাক্ষুস কোনো উপলব্ধি শ্রোতাদের শোনাতে পারেন, তাতে শ্রোতাদের আকর্ষণ বাড়বে।

শ্রোতাদের গতিবিধির প্রতি লক্ষ্য করুন :

একজন ভালো বক্তা সর্বদা ভাষণ দেওয়ার চেষ্টা করেন, কিন্তু সে প্রতিবারই একটা প্রভাবশালী ভাষণ দিতে সক্ষম হবেন তার কোনো স্থিরতা নেই। এখন আমার এটাই চেষ্টা থাকে যে কীভাবে ভাষণকে সজীব, আকর্ষণীয় তথা প্রভাবশালী করে তুলতে পারি। কিন্তু কয়েকবার সময়ের অভাবে বিষয়কে যোজনাবদ্ধ রূপে তৈরী করতে পারা যায় না, কিংবা কয়েকটা লম্বা অনুচ্ছেদও সংযুক্ত করতে হয়, সেটা ততটা রুচিকর হয়না, যতটা হওয়া উচিত। আপনার ভাষণের সফলতা আপনি আপনার

শ্রোতাদের চেহারা দেখেই বুঝতে পারবেন। আমি এখানে আরও কিছু উপায়ও বলছি যাতে আপনি বুঝতে পারবেন যে শ্রোতারা অস্থির হচ্ছে কিংবা বিরক্ত হয়ে উঠছে কিনা।—

১. যদি শ্রোতারা এক বা দুই বার হাই তোলে তবে বুঝতে হবে ভাষণ চলতে পারে, কিন্তু তার থেকে বেশী হাই তুলতে থাকে তাহলে বুঝতে হবে আপনার এবার ভাষণ শেষ করা উচিত।

২. যখন শ্রোতারা ছাদের দিকে দেখতে থাকে, কিংবা মুখ বা চুলে হাত বোলাতে থাকে বুঝতে হবে সে কিছুটা অধৈর্য্য হয়ে গেছে।

৩. যদি শ্রোতারা নিজেদের মধ্যে কথা বলতে শুরু করে তবে বুঝতে হবে শ্রোতারা বিরক্ত হয়ে গেছে।

৪. যদি শ্রোতারা বার বার ঘড়ি দেখতে থাকে বুঝতে হবে আপনাকে সহ্য করা শ্রোতাদের ধৈর্য্যের বাইরে চলে গেছে।

৫. যদি শ্রোতারা উঠে যেতে থাকে বুঝতে হবে তারা একেবারেই অধৈর্য্য হয়ে গেছে।

৬. যখনই আপনি এরকম দেখবেন, তখনই আপনাকে ভাষণ সংক্ষিপ্ত করে সমাপ্তির দিকে নিয়ে যেতে হবে।

ভাষণ দেওয়ার সময় শ্রোতাদের চোখে চোখ রেখে ভাষণ দিন। এরকম না করলে শ্রোতারা আপনাকে হতাশাগ্রস্ত ও সংকুচিত মনে করতে পারে। এই কারণে তারা আপনাদের প্রতি প্রভাবিত হতে পারবেন না।

বহুমূল্য উপদেশ :

যদি আপনি এক সফল ভাষণ দিতে চান তবে তাকে একটা কাগজে লিখে নিন।—আপনার ভাষণে কী আবেগ আছে? যদি তা না থাকে তবে কিছুটা বলার পরেই আবেগপূর্ণ কিছু সংযোগ করুন। যদি আপনি 15 মিনিট ভাষণ দেন তবে প্রত্যেক 5 মিনিট অন্তর কিছু আবেগময় কথা ব্যক্ত করা উচিত যাতে শ্রোতাদের দৃষ্টি আপনার উপর নিবদ্ধ থাকে। ভাষণকে ক্রমাগত আকর্ষণীয় করে রাখুন। তাতে হাস্যরস, আবেগ এবং কৌতুকের সংযোগ করুন অথচ সেটা যেন ছোট থাকে। যদি আপনি এই সমস্ত কথা মনে রাখেন তবে সফলতা নিশ্চিত।

সাকারাত্মক উত্তর গ্রহণ করুন :

যখন আপনি শ্রোতাদের ভাষণের মাধ্যমে কিছু প্রশ্ন করেন, তবে সেটা এমনভাবে করবেন যাতে শ্রোতারা সেটা 'হ্যাঁ'তেই উত্তর দেয়। একজন সফল বক্তা শ্রোতাদের সর্বদা এমন ধরণের প্রশ্ন করবে যাতে তাদের 'হ্যাঁ'তেই উত্তর দিতে হয়। এই সাকারাত্মক উত্তর বক্তার উপর মনোবৈজ্ঞানিক প্রভাব পড়ে। তার মনে হয় সমস্ত শ্রোতারাই তার সাথে আছে এবং তার সাথে একমত। এতে তার মনের জোর এবং সাহস কয়েকগুণ বৃদ্ধি পাবে। কিন্তু যদি শ্রোতারা 'না'তে উত্তর দেয় তখন বক্তার সমস্ত শরীর ও মন অর্থাৎ মানসিক জোর নষ্ট হয়ে যায়। যদিও সেটা এক-আধ মিনিটের জন্য হয়, সেটাই সাংঘাতিক প্রভাব ফেলে। অতএব আমি আপনাকে এই উপদেশ দেব যে শ্রোতাদের কখনই এমন প্রশ্ন করা উচিত নয় যে যার উত্তর 'না'তে পাবেন।

নিজের উদাহরণ দিন :

ভাষণ দেওয়ার সময় যদি অন্য কারোর কাহিনী শোনান, তাতে না সেটা সজীব হবে, না সেটা প্রভাবশালী। যতটা আপনি নিজের জীবনের কাহিনী শুনিয়ে প্রভাবশালী করতে পারবেন। যদি আপনি আপনার সাথে ঘটা ঘটনাকে উদাহরণ স্বরূপ প্রয়োগ করেন তবে সেটা বাস্তবিক হবে। এটা জানবেন বিশিষ্ট ব্যক্তিদের প্রতি লোকেদের একটা আলাদা ধারণা থাকে। আপনিও একজন বিশিষ্ট ব্যক্তি, কারণ আপনাকেও বক্তব্য রাখার জন্য আমন্ত্রণ জানানো হয়েছে। শ্রোতা সেটা খুব মন দিয়ে শুনবে। অতএব ভাষণের মাধ্যমে আপনার জীবনের এমন ঘটনা অবশ্যই ব্যক্ত করুন যা আপনার জীবনকে বদলে দিয়েছে। মনোবৈজ্ঞানিকদের মতে আমরা দু'টি উপায়ে শিখতে পারি, প্রভাব এবং অভ্যাস থেকে। অতএব এর সংমিশ্রণ অত্যাবশ্যক।

প্রভাব থেকে শেখা :

কখনো কখনো আমরা অন্যের জীবনের সাথে ঘটা ঘটনা থেকে আমরা এত প্রভাবিত হই যে আমরা আমাদের ভিতরেও পরিবর্তন আনতে চেষ্টা করি। আমাদের সকলের কাছেই এর অনুভব থাকে। আমাদের অবচেতন মনে সেই ইচ্ছা লুকিয়ে থাকে। যখনই আপনি শ্রোতাদের সেই ঘটনার উদাহরণ দেবেন সেটা এতটা জীবন্তভাবে উপস্থাপন করবেন যে শ্রোতাদের উপরেও সেই রকম প্রভাব পড়ে যেরকম আপনার সাথে বাস্তবিক ঘটনার সময় হয়েছিল। শ্রোতারা নিশ্চয় সেটা অত্যন্ত মন দিয়ে শুনবে এবং নিজের জীবনে তা গ্রহণ করার চেষ্টা করবে।

অভ্যাস থেকে শেখা :

একটা বিষয়ের উপর অনেকগুলি একই ধরনের উদাহরণ বার বার শোনা-ই অভ্যাস। অভ্যাস করে মুর্খও বুদ্ধিমান হয়ে যায়। আমরাও শুনে শুনেই নিজরে ভিতরে পরিবর্তন আনতে চেষ্টা করি এবং নতুন কিছু শেখার প্রবৃত্তি তীক্ষ্ণ হয়ে ওঠে।

উদাহরণ দিয়েই শুরু করুন :

ভাষণের মাধ্যমে নিজের সাথে ঘটা ঘটনাকে উদাহরণ হিসাবে তুলে ধরা অত্যন্ত ফলপ্রসু হয়ে উঠতে পারে। হয়ত আপনার সাথে কোনো ঘটনা সামান্য সময়ের জন্যই ঘটেছে কিন্তু সেই সামান্য ক্ষণের ঘটনাই আমাদের দীর্ঘকাল মনে রাখার মতো শিক্ষা দিতে পারে। অর্থাৎ আমাদের জীবনকে বদলে দিতে পারে। আমি স্কুলে 12 ক্লাসের ছাত্র ছিলাম। আমার লেখার প্রতি বিশেষ আগ্রহ ছিল না, কিন্তু একবার আমি একটি ছোট লেখা নিয়ে আমার বন্ধুর কাছে দেখাই। তখন পাশে দাঁড়ানো একটি মেয়ে এমন তীক্ষ্ণ ব্যঙ্গা করে যে আমার মনে অত্যন্ত আঘাত পায়। এই ব্যঙ্গা আমার মনে এমনভাবে গেঁথে গিয়েছিল যে আমি ততক্ষণ বিশ্রাম নিইনি যতক্ষণ না একটি বিখ্যাত পত্রিকাতে প্রথম পৃষ্ঠাতে আমার লেখা ছাপানো হয়। আজ ভারতে এমন কোনো পত্রিকা নেই যাতে আমার লেখা ছাপানো হয় না। আমি যথেষ্ট কঠিন পরিশ্রম করেছি, কিন্তু যদি ওই মেয়েটি ব্যঙ্গা না করত তাহলে হয়ত আমি লেখার জগতে আসতাম না।

একবার এক বক্তা তাঁর বক্তব্যে দেওয়ালীর বাজির কারণে এমন অগ্নিকাণ্ডের বর্ণনা করেন যে দোকানদারের বাজি বেশী বিক্রি হয়নি। বাবা-মায়েরাও তাদের বাচ্চাদের

বাজির কাছ থেকে দূরে রাখতে চেষ্টা করে, যাতে একটা বাচ্চাও আহত হতে না পারে।

যদি আপনার বক্তব্য উদাহরণের দ্বারা শুরু করেন তবে সেটা অত্যন্ত গ্রহণযোগ্য হবে এবং তা শ্রোতারা মনোযোগ সহকারে শুনবে। অধিকাংশ বক্তা শ্রোতাদের আকর্ষণ করতে অসমর্থ হয়। কারণ তারা ভাষণের শুরু তথাকথিত উপায়েই করতে থাকে যা শ্রোতারা আগেও শুনেছে। কিছু বক্তা প্রথমেই বলে দেন আমি খুব ভালো বক্তা নই। কিছু বক্তাতো এটাও বলতে থাকে যে সে ভাষণকে ঠিকমতো তৈরী করতে পারেনি। যদি আপনি একটা ছোটো এবং প্রভাবশালী ভাষণ দিতে চান তবে আপনাকে এইসমস্ত উপায়গুলিকে মনে রাখতে হবে।

আপনার শহরের সবচেয়ে বিক্রিত পত্রিকার কোনো এক প্রভাবশালী পংক্তি দিয়েও আপনি আপনার বক্তব্য শুরু করতে পারেন। তার সাথে নিজের উদাহরণও যদি জুড়ে দেন তবে খুব সহজেই শ্রোতারা আপনার প্রতি আকর্ষিত হবে। শুরু করার জন্য আরও কয়েকটি উপায় দেওয়া হলো।—

১. গতকাল সন্ধ্যায় যখন আমরা সিনেমা দেখতে যাচ্ছিলাম, তখন.................

২. গত এপ্রিল মাসে যখন আমি মোটর সাইকেলে আমেদাবাদ থেকে মুম্বাই যাচ্ছিলাম, তখন......................

৩. আমি কথা বলার জন্য যেই মাথা তুলেছি...................

৪. গত সপ্তাহে আমি যখন ঝিলে মাছ ধরছিলাম.......................

৫. আমার ঘরের দরোজা জোরে খুলে গেল, আর চাকরটা ঘরে আসার সাথে সাথেই......

আপনার ভাষণ আপনি কোনো প্রবাদবাক্য দিয়েও শুরু করতে পারেন। বিষয় সম্বন্ধে কখন, কেন, কোথায়, কে, কীভাবে ইত্যাদি প্রশ্নের উত্তর দিয়েও একটা সুন্দর সূচনা করা যায়। আপনি দেখেছেন বাচ্ছাদের গল্প-কাহিনী শোনানোর সময় বলা হয়—"অনেকদিন আগের কথা"। "একবার এক..........."। তাতে বাচ্চাদের ঔৎসুক্য এত বেড়ে যায় যে সে খাওয়া-দাওয়া ঘুম ছেড়ে দিয়ে কাহিনীতে ডুবে যায়। আমাদেরও ভাষণে এমন মাদকতা আনতে হবে যেন শ্রোতারা অতি শীঘ্র আকর্ষিত হয়।

সংক্ষিপ্ত এবং বিশেষ সংবাদ :

শ্রোতাদের কাছে পুরোপুরি স্পষ্ট করে দিন যে আপনি তাদের বোঝাতে কি চাইছেন। লোকেরা সেটা করবে যা তারা সহজে বুঝতে পারবে। অতএব ভাষণ দেওয়ার আগে নিজেকে জিজ্ঞাসা করুন আপনি শ্রোতাদের কাছে কী আশা করছেন। সম্ভব হলে মুখ্য অংশগুলিকে লিখে নিজের কাছে রেখে দিন। বক্তব্যকে একদম সোজা, সরল ও পরিষ্কার রাখবেন, কিন্তু প্রতিটি পংক্তি শ্রোতাদের উপর সে প্রভাব ফেলে। ভাষণকে সোজাসুজি না বলে কিছুটা আকর্ষকভাবে বলুন। যদি বলেন আপনারা দাদু-ঠাকুমার খেয়াল রাখবেন তাহলে সেটা সাধারণ কথা হয়ে যাবে। যদি বলেন কখনো কখনো নিজেদের দাদু-ঠাকুমাদের বেড়াতে নিয়ে যাবেন তাহলে সেটা আরও বেশী গ্রহণযোগ্য হবে। আপনি যদি আপনার শ্রোতাদের প্রশ্নের উত্তর দিতে পারার জন্য পুরস্কৃত করেন, তবে লোকেরা আরও আগ্রহের সঙ্গে শুনবে অর্থাৎ আপনার বলা প্রশ্নের প্রতি আমল দেবে।

যখনই আপনি ভাষণ দেবেন খেয়াল রাখবেন আপনি এবং শ্রোতাদের মাঝে যেন

বেশী ব্যবধান না থাকে। যদি আপনি দেখেন দূরত্ব অনেক বেশী তাহলে তাদের সামনে চলে যাওয়া উচিত। যদি আপনি ভাষণ দেওয়ার জন্য মঞ্চে উঠে দেখেন যে সামনের চারটি সারি শূন্য, তাহলে পিছনের সারির লোকেদের সামনে উঠে আসার জন্য অনুরোধ করবেন। কারণ আপনি যতটা শ্রোতাদের কাছাকাছি থাকবেন শ্রোতা ততটা ভালোভাবে আপনার বিষয়কে শুনবে।

উদাহরণের সঙ্গে প্রাসঙ্গিক তথ্য :

কোনো ঘটনার ব্যাপারে কোনো সূচনাই আকর্ষক হয়না। কোনো ফিল্ম যা অত্যন্ত বাজে সংকেতে ভরা থাকে, তা সফল হতে পারে না। তেমনই আজে-বাজে সংকেতে ভরা ভাষণও বিরক্তির সৃষ্টি করে। অতএব কেবলমাত্র সেইসব সংকেতগুলি নির্ণয় করবেন যা বিষয়ের সঙ্গো প্রাসঙ্গিক এবং তথ্যপূর্ণ। যদি আপনি স্কেটিং-এর ব্যাপারে ভাষণ দিতে যান তখন তাদের জানাবেন প্রথমে স্কেটস্‌কে পরীক্ষা করে নিতে হয়। সেজন্য আপনাকে বলতে হবে—একবার আপনি স্কেটস্ পরীক্ষা না করেই বেরিয়ে পড়েছিলেন, আর স্কেটসের একটা চাকা খুলে বিপদের সৃষ্টি করেছিল যাতে আপনি মরতে মরতে বেঁচে গেছেন।

সমস্ত ঘটনাকে এমনভাবে উপস্থাপন করবেন যাতে মনে হয় সেটা এখনই ঘটছে। যদি আপনি শ্রোতাদের বলেন গত সপ্তাহে আপনি স্কেটিং করতে গিয়ে একটা চাকা খুলে গিয়ে আপনি মরতে মরতে বেঁচে গেছেন, তাহলে সেটা শ্রোতাদের উপর বিশেষ প্রতিক্রিয়া করবে না। কিন্তু যদি প্রভাবশালী শব্দের সাহায্যে ছবির মতো তুলে ধরতে পারেন, যেমন—“আমি স্কেট্ পরে তীব্রগতিতে গাড়ির সাথে সাথে যাচ্ছিলাম

হঠাৎ আমার স্কেটের একটা চাকা খুলে যায় এবং আমি ব্যালেন্স রাখতে না পেরে কিছুদূরে গিয়ে ছিটকে পড়ি আর গাড়িটা আমার মাথা ছুঁয়ে চলে যায়। ঘাবড়ে গিয়ে আমি কিছুক্ষণ চোখ বন্ধ করেই রাস্তার ওপর পড়ে থাকি।"

এইভাবে আপনি ঘটনাকে বর্ণনা করলে শ্রোতারা যেকোনো পরিস্থিতিতে নিশ্চয় শুনবে। উদাহরণ এমনভাবে বর্ণনা করতে হবে মনে হবে ঘটনাটি তাদের সাথেই ঘটেছে। এইরকম অনুভব করাতে পারাই বক্তার উদ্দেশ্য। ভালো বক্তারা চায়, যা তারা দেখেছে ও শুনেছে তাই তারা তাদের শ্রোতাদেরও দেখায় এবং শোনায়। যা তারা নিজেরা অনুভব করেছে সেটা শ্রোতারাও অনুভব করুন।

ভাষাকে সরল-সোজা রাখুন :

একজন ভালো বক্তাকে তার ভাষণে সব সময় সরল ভাষা প্রয়োগ করা উচিত। ভাষা এমন হবে যে শ্রোতা সহজে বুঝতে পারে। হতে পারে আপনার কাছে অথৈ জ্ঞান আছে, কিন্তু আপনি আপনার যোগ্যতা দেখানোর জন্য বা নিজের প্রভাব বিস্তার করার জন্য জটিল ভাষা প্রয়োগ করেন তবে শ্রোতা অধৈর্য্য হয়ে যাবে।

ভাষণের সময় একজায়গায় দাঁড়িয়ে ভাষণ দিন, এদিক ওদিক ঘুরে ভাষণ দেবেন না। তাতে শ্রোতাদের বেশী প্রভাবিত করা যায়। কিন্তু এক জায়গায় দাঁড়িয়ে থাকার অর্থ এই নয় যে আপনি স্থবির হয়ে থাকবেন। আপনার শরীর, হাত, পা স্বাভাবিক থাকা দরকার। যদি আপনি স্থির হয়ে থাকেন তবে খুব শীঘ্র ক্লান্ত হয়ে যাবেন। বক্তা বেশীক্ষণ স্থবির হয়ে থাকলে বক্তার পিঠ ও কাঁধ টনটন করতে থাকে। তাতে

চেহারার ভাবও পাল্টে যাবে। এতে শ্রোতারা মনে করবে আপনার মধ্যে যোগ্যতা নেই, আপনি অনেক কষ্টে ভাষণ দিচ্ছেন।

যখন আপনি ভাষণ দিচ্ছেন, তার প্রতিচ্ছবি চেহারাতে ফুটিয়ে তুলুন। একজন বক্তা যখন দুঃখের ঘটনা উদাহরণ দেয়, তখন সেই ভাব তার চেহারাতেও ফুটে ওঠা দরকার। যখন কোনো প্রতিজ্ঞা বা পণের কথা বলে তখন টেবিলে হাত দিয়ে চাপড় মেরে বলতে হবে। একই মুদ্রাতে বেশীক্ষণ দাঁড়ানো উচিত নয়। একজন বক্তা যদি সমস্ত ভাষণে শুধু হাতই চালাতে থাকে তবে সেটাও ঠিক নয়।

ভাষণ দেওয়ার সময় আপনি নিজে সেই বিষয়টির সাথে একমত করে নিন। যদি আপনার মত অন্যরকম হয়, আর বাধ্য হয়ে অন্য কিছু বলতে হচ্ছে, তাহলে সেটা বিশ্বাসযোগ্য করে তোলা কঠিন, তাই সেটা ভাষণ না দেওয়াই ভালো। এধরণের ভাষণে আপনার এবং শ্রোতাদের সময় নষ্ট হবে।

ভাষণের রেখাচিত্র তৈরী করা কঠিন কিন্তু সেটাকে আকর্ষক উপায়ে শ্রোতাদের সামনে তুলে ধরা আরও কঠিন, কিন্তু সেটা একটা সুন্দর শিল্প। যখন বক্তা এই শিল্পে মোহিত হয়ে যায়, তার বিষয় যদি আকর্ষকও না হয়, তবুও সে সেটা এমনভাবে মঞ্চে উপস্থাপন করবে যে শ্রোতারা শুনে কিছুমাত্র বিরক্ত হবে না। শ্রোতারা তখনই অধৈর্য্য হয় যখন তারা আপনার বক্তব্যকে ঠিকভাবে শুনতে পায়না বা বুঝতে পারেনা। অনেক বক্তার গলার স্বর পাতলা হয় আবার কিছু বক্তার গলার স্বর মাঝখানে ফেটে যায়। যদিও তারা একটা ছোটো ঘরে ভাষণ দিতে সক্ষম হয়, কিন্তু বড়ো হল ঘরে এধরণের বক্তারা ঠিকমতো ভাষণ দিতে পারেন না, সেখানে মাইক্রোফোনের সাহায্য নিতে হয়। ঘরের ভিতরে মাইক্রোফোন ব্যবহার করা উচিত নয়। কিন্তু যদি বক্তা মনে করেন তার আওয়াজ জোর নয় এবং প্রভাবশালী নয় তবে সে তা ব্যবহার করতে

পারে। আপনাকে হয়ত কেউ বলেনি, আপনি ভাষণ দেবার সময় আপনার কথা জড়িয়ে যায় যা কেউ বুঝতে পারে না। নীচু স্বরে বলা ও পাতলা আওয়াজের জন্যও শুনতে বাধার সৃষ্টি করে। যদি বুঝতে না পারেন আপনার আওয়াজ কেমন এবং কতদুর পর্যন্ত শোনা যায়, তবে আপনার কোনো বন্ধুর সাহায্য নিতে পারেন। সে যা রায় দেবে সেটা যেন সঠিক দেয়, এবং আপনি সেটাকে গ্রহণ করে নিজের আওয়াজে পরিবর্তন আনতে পারেন।

পাতলা এবং নিচু আওয়াজকে পরিবর্তন করা কঠিন কিন্তু তা অসম্ভব নয়। প্রতিটি ব্যক্তি ভাষণ দেওয়ার একটা আলাদা ভঙ্গি থাকে। অর্থাৎ সকলেই আকাশবাণীর ঘোষকের মতো বলতে পারে না। যদি আপনার মনে হয় আপনার আওয়াজ পরিষ্কার নয়, তবে আপনাকে কঠিন পরিশ্রম করতে হবে।

আপনি 'বাথরুম সিঙ্গার' কথাটা নিশ্চয় শুনেছেন। কোনো মানুষ জন্ম থেকেই শিল্পী হয় না। সাধারণত বিখ্যাত গায়করা শুরুতে 'বাথরুম সিঙ্গার'-ই থাকেন। অভ্যাস করেই ব্যক্তি তার জায়গায় সফল হয়। আমি আপনাদের বলতে চাই বাথরুমে শুধু গায়কই হয় না, বক্তাও তৈরী হয়। যখন আপনি স্নান করেন তখন আপনার বক্তব্যকে অভ্যাস করুন, তাহলে গলার স্বরতন্তু মজবুত হয়ে উঠবে। আস্তে আস্তে প্রভাবশালী আওয়াজ বের করা আপনার অভ্যাস হয়ে যাবে। আপনি কোনো খোলা জায়গাতেও অভ্যাস করতে পারেন। ভাষণকে জোরে জোরে বলার সময় একটু অসুবিধে হতে পারে, কিন্তু ধীরে ধীরে সেটা উপস্থাপনের যোগ্য হয়ে উঠবে। তখন আপনার আওয়াজ ফেটে যাবে না আর বার বার গলা সাফ করতেও হবেনা। আপনি মিলিটারি কমান্ডারের আওয়াজ শুনেছেন, বিনা মাইক্রোফোনেই তাদের আওয়াজ অনেকদুর পর্যন্ত শোনা যায়। সেই আওয়াজ ছোটবেলা থেকে এরকম থাকেনা। তাদের অভ্যাস

করে নিজের আওয়াজকে তেজী, পরিষ্কার ও প্রভাবশালী করে তুলতে হয়েছে। এই অভ্যাসের জন্য রাত দুটো-তিনটে পর্যন্ত প্যারেড গ্রাউন্ডে চিৎকার করতে হয়েছে। যখন স্বরতন্তু বন্ধ হয়ে যায় তখন নুন জল দিয়ে গলা পরিষ্কার করে আবার অভ্যাসে লেগে যায়। এইভাবে অনেকদিন অভ্যাস করে তবে তারা ঐ ধরণের প্রভাবশালী আওয়াজ তৈরী করে।

ভাষণের সময় যদি বক্তা একটা সুরেই বলতে থাকে তবে শ্রোতারা অধৈর্য্য হয়ে যায়। তাই আপনি যদি সেই বক্তার মতো নীরস হতে না চান তবে নিজের ভিতরে কিছু পরিবর্তন আনতে হবে। একজন ভালো বক্তা তার ভাষণকে একই সুরে না বলে মাঝে মাঝে তার স্বরকে পরিবর্তন করতে পারে। কখনও নিচু স্বর, কখনও উঁচু স্বরে বলতে হবে। আপনি সেটা বই পড়ে বা পরিবারের লোকজনদের সাথে কথা বলেও অভ্যাস করতে পারেন। কোনো গল্প বলার সময়ও আওয়াজকে উঁচু-নীচু করে বলা অভ্যাস করতে পারেন। এই বাক্যগুলি পড়ুন এবং বোঝার চেষ্টা করুন কীভাবে আপনার আওয়াজে পরিবর্তন আনবেন।

১. না, আমি এরকম করতে পারিনা?

২. না, সেকি সত্যি সত্যিই পালিয়ে গেছে?

৩. না, আমি এত বড়ো ব্যক্তি নই।

৪. না, আমি অবশ্যই এর বদলা নেবো।

৫. না, তুমি এরকম করতে পারো না।

এই বাক্যগুলিকে পড়লে বুঝতে পারবেন যে একজন ভালো বক্তাকে তার ভাষণের সুরে পরিবর্তন আনা দরকার। তার ভাষণের গতিকে একবার ধীরে আবার দ্রুতগতিতে বলা অভ্যাস করা এবং প্রয়োগ করা প্রয়োজন।

আপনার শক্তিকে জানুন

আপনারা রামায়ণের কাহিনী পড়েছেন এবং শুনেছেন। আপনারা জানেন হনুমানের তার নিজের শক্তি সম্বন্ধে কোন আন্দাজ ছিল না। কিন্তু যখন জাম্ববান তার ভিতরের শক্তিকে চেনায়, তখন বুঝতে পারে তার ভিতরে এত শক্তি আছে যে, সে পাহাড় পর্যন্ত তুলে ফেলতে পারে। প্রতিটি মানুষের মধ্যেও এই ধরনের শক্তি নিহিত থাকে। কিন্তু আমরা তাকে চিনতে পারিনা। যদি আপনি আপনার ছোটবেলার কথা ভাবেন তবে বুঝতে পারবেন কত সিঁড়ি বা চেয়ারের উপর উঠে আপনি ভাষণের ঢঙে বলার চেষ্টা করেছেন। তখন আপনার ভয়ও লাগেনি আর গলার স্বরও কেঁপে ওঠেনি। উপরন্তু আপনি তাতে আনন্দ উপভোগ করেছেন। আপনি কি কখনো ভেবেছেন যে ছোটবেলায় এত ভালো এবং বাস্তবিক ভাষণ দিতে পারতেন, তাহলে আজ এত বছর পরে আপনারতো পৃথিবীর সবচেয়ে ভালো বক্তা হয়ে ওঠা উচিত ছিল, কিন্তু এরকম হয়নি। বাস্তবিকে তা নয়। এখন আপনার মধ্যে ভয় এসে গেছে। কারণ ছোটবেলার ঐ শিল্পকে আপনি কখনো উন্নত করতে চেষ্টা করেননি, কিন্তু এখনও সময় আছে। যদি আপনি আজ থেকেই লক্ষ্যে দৃঢ়-সংকল্প হন আমি একজন ভালো বক্তা হয়ে উঠব, তাহলে সফলতা নিশ্চয় আপনার কাছে এগিয়ে আসবে। শুধু আপনাকে আপনার লক্ষ্যের প্রতি নজর রাখতে হবে। আর দুনিয়ার সবকিছু ভুলে নিজের শক্তিকে একত্রিত করে লক্ষ্যের দিকে এগিয়ে যেতে হবে।

একজন বক্তা মঞ্চে এসে ভালো ভাষণ প্রদর্শন করতে পারে। আমরা সবাই তার প্রশংসা করি। এই ধরণের বক্তারা নিজের ভাব প্রকট করতে কখনো ইতস্তত করেনা। সে খুবই অদ্বিতীয়, কল্পনাত্মক ও রচনাত্মক ভাষণ অত্যন্ত জীবন্তভাবে উপস্থাপন

করে। আপনিও এরকম অনেক বক্তা দেখেছেন। কিন্তু আপনি কখনও তাদের নকল করতে চেষ্টা করবেন না। আমি মনে করি প্রত্যেকটি ব্যক্তির মধ্যে আলাদা আলাদা বিশেষ গুণ থাকে। হতে পারে যে গুণ, যে সৌন্দর্য্য আপনার মধ্যে আছে, তা অন্যের মধ্যে নেই। অতএব অন্য কোনো বক্তার নকল না করে, ভালো হবে নিজের গুণকেই উন্নত করতে চেষ্টা করুন। এটা ভাবতে চেষ্টা করুন আপনি সবচেয়ে ভালো, সবার থেকে আলাদা। আপনি কখনও উদাহরণ দেখে চলবেন না, বরং নিজে উদাহরণ হওয়ার চেষ্টা করুন।

স্মৃতিশক্তি বাড়ান—

আমার কাছে অনেকে এসে বলেন, যে আমার স্মরণশক্তি তত ভালো নয়, যে আমি ভাষণকে মনের রাখতে পারি। আমি এই সমস্যার বিষয়ে অনেক পড়াশোনা করেছি, কয়েকজন মনোবিজ্ঞানীর সাথেও আলোচনা করেছি। এমনকি মানসিক শক্তি অধ্যাপন কেন্দ্রের নির্দেশকের বক্তব্যও পড়েছি। এই অনুসন্ধানের পর আমার যে অভিজ্ঞতা হয়েছে তা অত্যন্ত প্রভাবশালী। আসলে আজ আমাদের কাছে এত অধিক পরিমাণে সুখ-সুবিধা আছে যে আমরা আমাদের স্মরণ-শক্তিকে কাজে লাগাতেই চায়না। বাস্তবে আমরা যা পড়ি তাতে আমাদের মস্তিষ্কে একটা ছাপ ফেলে দেয়। সেই বিষয়টাকে যদি আবার কিছুদিন পরে পড়া যায় তবে সেই ছাপ আরও গভীর হয়ে যায়। আবার কখনও সময় বের করে যদি সেই বিষয়টাকে পড়া যায় তো সেই ছাপ এত গভীর হয়ে যায় যে আমরা যখন সেটা স্মরণ করার চেষ্টা করব তখনই মনে পড়ে যাবে। যে বিষয়ই হোক না কেন, তাকে বারবার পড়লে তা সর্বদার জন্য আমাদের মস্তিষ্কে ছাপ ফেলে দেয়।

আপনি যদি চান, তো আপনার স্মরণ-শক্তিকে আরও বেশী ভালো করতে পারেন। আমি আমার এক বন্ধুকে বিষয়কে বারবার পড়ার উপায় বলেছিলাম। সে কিছুদিন অভ্যাস করার পর আমাকে এসে বলল—এই উপায় খুবই ভালো। আমি একবার মুম্বাইয়ের পরমাণু অনুসন্ধান কেন্দ্রের এক বৈজ্ঞানিকের সঙ্গে মিলিত হই। তার কথা শুনে আমি একেবারে অবাক হয়ে যায়। সে তার বন্ধু এবং কার্যালয়ের ফোন নম্বর

লিখে রেখে দেয়, যা আমরা অনায়াসে মনে রাখতে পারি। তার কথা হল—যা আমরা লিখে রাখতে পারি তার জন্য মস্তিষ্কে জোর দিয়ে লাভ কি? আমরা অনেক ছোটো ছোটো অনাবশ্যক কথা আমাদের মস্তিষ্কে ভরে রাখি। এতে প্রয়োজনীয় কথার ক্ষেত্রে পর্যাপ্ত জায়গা পাওয়া যায় না, ফলে আমরা গুরুত্বপূর্ণ তথ্যগুলি ভুলে যায়। মানসিক বিশেষজ্ঞরাও তার এই মতের সাথে একমত। আরও একটা বিশেষ ব্যাপার কোনো বিষয়কে মনে করার সময় পরিবেশ যদি শান্ত হয় এবং উন্মুক্ত হাওয়ায় আমরা অনায়াসে এবং তাড়াতাড়ি সেটা মনে করতে পারি। আপনারা প্রায়ই বাবা-মায়েদের বলতে শুনবেন—সকালে উঠে তাড়াতাড়ি পড়াশোনা করো। কারণ সেই সময় পরিবেশে চিৎকার চেঁচামেচি বা কোনো আওয়াজ থাকেনা। আর আবহাওয়াও সুন্দর থাকে। ফলে শান্ত পরিবেশে পঠিত বিষয় গভীরভাবে মস্তিষ্কে গেঁথে যায়।

ভাষণকে মনে রাখা অর্থাৎ স্মরণ-শক্তি বাড়ানোর জন্য আপনি আর একটা উপায়ও গ্রহণ করতে পারেন। সেটা হল—বস্তুকে একবার দেখেই তাকে বর্ণনা করা। এরজন্য আপনি আপনার সামনে পনের-কুড়িটা জিনিসের উপর একবার চোখ বুলিয়ে নিন। তারপর সেগুলি ঢেকে দিন। তারপর আপনি মনে করে সেই বস্তুগুলির নাম লিখুন। মস্তিষ্কে জোর দিয়ে ভাবুন কোনো জিনিসের নাম বাদ যায়নি তো? লেখার পর সেগুলি গুণুন। তারপর ঢাকা সরিয়ে দেখুন। আপনি কতগুলি বস্তুর নাম ভুলে গেছেন, সেটাও লিখুন। প্রতিদিন এই অভ্যাস করার ফলে স্মরণ-শক্তির আশ্চর্যজনক বৃদ্ধি হবে।

আপনি যদি পুরুষ হ'ন তবে সামনে থেকে যাওয়া মহিলা বা স্ত্রীদের দিকে লক্ষ্য করুন। তারপর চোখ সরিয়ে তার চুলের রং, চুলের দৈর্ঘ্য, চোখের রং, কানের গহনা, কাপড়ের রং, চটি কী ধরণের, ওড়নার রং, হাতের জিনিস—এই সমস্ত বিষয় একটা কাগজে লিখুন। তারপর আবার একবার দেখে নিয়ে মিলিয়ে নিন কি কি জিনিস আপনি ভুলে গেছেন। এই পদ্ধতি অত্যন্ত কার্যকরী ও ফলদায়ী। কিন্তু মনে রাখবেন আপনার সুরক্ষা আপনারই হাতে।

কল্পনাশক্তির সাহায্য নিয়েও আপনি আপনার স্মরণ-শক্তি বাড়াতে পারেন। এরজন্য আপনি একটা নির্জন জায়গায় চোখ বন্ধ করে বসুন, আর কল্পনা করুন যে আপনি

গাছে ঝুলন্ত একটা লেবুকে দেখছেন। মন দিয়ে দেখুন। আপনি গাছে লেবু এবং সবুজ পাতাও দেখতে পাবেন। এবার কল্পনা করুন আপনি আপনার ডান হাত দিয়ে লেবুটি পেড়ে নিয়েছেন। পাড়ার সময় ঝাঁকুনি অনুভব করুন। গাছটাকে আপনি নড়তে দেখবেন। এবং কল্পনাতে এই লেবুটাকে কাটতে হবে। নিন, এবার ডান হাতে চাকু তুলে নিন। চাকু পরিষ্কার মনে না হলে পরিষ্কার করে নিন আর চাকুর তীক্ষ্ণ ধার দিয়ে লেবুকে দু'টুকরো করে ফেলুন। লেবু কাটার সময় তার হালকা ছিটে আপনার গায়ে পড়েছে এরকম অনুভব করুন। তারপর লেবুকে আপনার জীবে রাখুন এবং তার আস্বাদন অনুভব করুন। আপনি এ সমস্তই কল্পনা করবেন কিন্তু বাস্তবিকতার ক্রিয়ার মতো আনন্দ অনুভব করবেন। কল্পনা শক্তির সাহায্যে স্মরণশক্তি বাড়ানো এটা একটা খুব ভালো পদ্ধতি। এইভাবে আপনি লেবুর জায়গায় অন্য জিনিসও কল্পনা করতে পারেন।

ভোরবেলা উঠে খালি পেটে শীর্ষাসন করলে শরীরের সমস্ত রক্ত মাথার দিকে চলে যায়। এতে মস্তিষ্কে সম্পূর্ণ রক্ত সঞ্চালন হয় ফলে শরীর তরতাজা মনে হয়। এটা আমাদের স্মরণ-শক্তি বাড়ায়। অভ্যাসের জন্য আপনি দেওয়ালের সাহায্য নিতে পারেন।

এই সমস্ত উপায়গুলির সাহায্যে আপনি আপনাদের স্মরণ-শক্তিকে অত্যন্ত উন্নত করতে পারেন। যাতে আপনার ভাষণে আবশ্যক এবং সংগত কথা বাইরে বেরিয়ে আসতে পারে।

সঞ্চিত জ্ঞানকে প্রয়োগ করুন—

আপনি আজ পর্যন্ত ভাষণ সম্বন্ধে যতগুলি পদ্ধতি শিখেছেন, সেগুলি প্রতিদিনের কথাবার্তাতেও প্রয়োগ করুন। হয়ত আপনার মাথায় ঘুরছে যে আপনার শেখা পদ্ধতিগুলি কবে থেকে কাজে লাগাবেন। আমি আপনাদের তার উত্তর দিচ্ছি, সেই উত্তর হলো—"ঠিক এখন থেকেই"।

এই বই পড়ার পর হয়ত অনেকদিন পর্যন্ত ভাষণ দেওয়ার সুযোগ নাও আসতে পারে। কিন্তু আমার বিশ্বাস যে সেই সুযোগ আসা পর্যন্ত অপেক্ষায় আপনি অভ্যাস করা ছেড়ে দেবেন না। আপনি ভালোভাবে বুঝে গেছেন যে এই বইতে দেওয়া পদ্ধতি আমরা আমাদের দৈনিক জীবনেও প্রয়োগ করতে পারি। অতএব আপনি এই পদ্ধতিগুলি এখন থেকেই প্রয়োগ শুরু করে দিন।

কথাবার্তাতেও খোঁজ-খবর যুক্ত করুন—

আমি বলেছি যে আপনার ভাষণে অনেকবেশী খোঁজ-খবর যুক্ত করা উচিত। তার ফলে ভাবনাতে সজীবতা আসে। এর আগে ভাষণের কথা বলেছি। কিন্তু আমাদের কথাবার্তা, সম্ভাষণেও বিশেষ তথ্য যুক্ত করা উচিত। কথোপকথনকে সুন্দর করে তোলার চেষ্টা করে নিজের ভিতরে বিশ্বাস উৎপন্ন করতে হবে। যদি একবার আপনার

ভিতরে বিষয় প্রস্তুত করার ঔৎসুক্য সৃষ্টি হয় তবে আপনি বিষয় সম্বন্ধে নতুন নতুন কথা খোঁজ করতে থাকবেন। প্রথমে বিষয়কে ব্যক্ত করার জন্য আপনার জায়গা হয়ত সীমিত হবে। কিন্তু আপনার ঔৎসুক্য বাড়তে থাকবে আর আপনি আপনার ভাষণকে অত্যন্ত জোরের সাথে ব্যক্ত করতে পারবেন। এরফলে মনে হবে যে আপনার জীবনে এক নতুন মোড় এসেছে। জীবনে বেঁচে থাকার দৃষ্টিভঙ্গিই বদলে যাবে। ভাষণের পদ্ধতিগুলি শেখার জন্য যতটা আনন্দ হয় ততটা আনন্দ হয় সাইকেল চালানো শিখলে। যেমন শুরু করার সময় লোক সাইকেলে ব্যালেন্স রাখতে পারেনা, কিন্তু শেখার পরে সে প্রথমে দু'হাতে ও পরে একহাতেও সাইকেল চালাতে সক্ষম হয়। ঠিক সেইভাবে আপনিও সমস্ত পদ্ধতি শেখার পর তাকে প্রয়োগ করতে করতে, সেটাকে সুন্দর উপায়ে কাজে লাগাতে শিখে যাবেন।

ভাষণের সুযোগ খুঁজুন :

ভাষণ দেবার নিয়ম ও পদ্ধতি শেখার সাথে সাথে এই সুযোগও খুঁজতে হবে যেখানে আপনি সেই পদ্ধতি প্রয়োগ করতে পারেন। অর্থাৎ আপনাকে ভাষণ দেবার সুযোগকে খুঁজতে হবে। এরজন্য আপনাকে বিভিন্ন প্রকারের সভা, অধিবেশনে যুক্ত হতে হবে। আজকাল সমস্ত শহরে অনেক সংস্থা আছে। সব সংস্থাতেই প্রতিমাসে এবং বাৎসরিক অনুষ্ঠানের আয়োজন করা হয়। আপনি একরকম সংস্থাতে যুক্ত হতে চেষ্টা করুন এবং মঞ্চে আসার চেষ্টা করুন। আপনি সেই সংস্থার সাথে যুক্ত থাকলে কোনো নেতা বা শিল্পীর পরিচয় করানোর সুযোগ আপনি পেতে পারেন। ভাষণের অভ্যাসের জন্য আপনি নির্বাচনের সাহায্যও নিতে পারেন। এইসময় অধিকাংশ নেতাই ভালো বক্তার খোঁজ করেন। নিজেদের মধ্যে কথা বলে ভালো বক্তব্য তৈরী করে ভাষণ দিতে পারেন। এতে আপনার দু'টো লাভ হবে। আপনার ভাষণ দেওয়ার অভ্যাসও হবে আর তার সাথে কিছু টাকাও উপার্জন হবে।

এখন আপনি 15-20 মিনিটের ভাষণ তৈরী করুন। তাতে আপনার শেখা সমস্ত

পদ্ধতি প্রয়োগ করে এমন ভাষণ তৈরী করুন যাতে পরবর্তীকালে সেই সংস্থা আপনাকে আবার আমন্ত্রণ জানায়। মাইক্রোফোনকে নিজের বন্ধু মনে করুন। সেটা দেখে খুশী হো'ন। ভাবুন যদি মাইক্রোফোন না থাকত, তাহলে আপনাকে অনেক বেশী চিৎকার করে ভাষণ দিতে হ'তো।

আকাশবাণী কেন্দ্রতেও অনিয়মিত ঘোষক হিসাবে কাজ দেওয়া হয়। আপনিও তাদের সাথে যোগাযোগ করতে পারেন। এখানে আপনি অনেক নতুন নিয়ম শিখতে পারবেন। গলার স্বরকে পরিষ্কার ও প্রভাবশালী করার জন্য আকাশবাণী কেন্দ্র খুবই ভালো জায়গা।

সফল বক্তার জীবনের অনেক সমস্যা আপনাথেকেই সমাধান হয়ে যায়। বক্তা হওয়ার পর সেই ব্যক্তির মধ্যে এত উৎসাহ বেড়ে যায় যে তার কাছে কঠিন থেকে কঠিনতর কাজও সহজ মনে হয়। আমার এক বন্ধুকে কলেজ ছাত্র-সংঘের অধ্যক্ষ নির্বাচন করা হয়। তাকে ছাত্রদের উজ্জীবিত করার জন্য ভাষণ দিতে হতো। সে তার ভাষণকে আকর্ষক এবং প্রভাবশালী করে তোলে। কলেজ ছাড়ার পর সে আকাশবাণীতে যোগদান করে। তার তৈরী কার্যক্রম শ্রোতাদের অত্যন্ত পছন্দ হয়। শ্রোতারা তাঁর আওয়াজের গুণগ্রাহী হয়ে ওঠে। একবার একজন রাজনৈতিক নেতার সাথে ঝগড়া হয় এবং তাকে শিক্ষা দেওয়ার জন্য রাজনীতিতে যোগদান করে। যেখানেই সে ভাষণ দিত সেখানেই শ্রোতাদের অত্যন্ত ভিড় জমত। তার গলার আওয়াজে ভক্তরা তার সমর্থক হয়ে যায় এবং তাকে অনেক ভোটে জিতিয়ে বিধানসভার সদস্য করে তোলে।

আসলে আপনি একজন ভালো বক্তা। জনতার নাড়ি-নক্ষত্র আপনি বুঝতে পারেন। জনতাকে কীভাবে সন্তুষ্ট করতে হবে আপনি সেটা জানেন। শুধু আপনাকে সুযোগ বুঝে, জনতার মেজাজ বুঝে সংবেদনশীল ভাষণ শুরু করে দিতে হবে। আমি নিজে অনুভব করেছি যে অনেক লোকেরা সফল বক্তা এইজন্য হতে পারেন না যে তারা তাদের বক্তব্যকে অন্যের সামনে সুন্দরভাবে ব্যক্ত করতে ইতস্তত করে। আমার বিশ্বাস যে আপনি ইতস্তত আর ভীতির মতো বস্তু থেকে নিজেকে মুক্ত করতে পেরেছেন।

লক্ষ্যে স্থির থাকা প্রয়োজন :

যখন আমরা নতুন কিছু শিখতে যাই, যেমন—স্কেটিং, তীরন্দাজী, বা অন্য কোনো ভাষা, তখন অত্যন্ত আগ্রহের সাথে শিখতে যাই। কিন্তু কিছুদিন শেখার পর সেই উৎসাহ অনেক কমে যায়। অধিকাংশ লোকই এই কারণে সফল হতে পারে না, কারণ সে, যে উৎসাহের সঙ্গো শুরু করে, সেই উৎসাহের সঙ্গো শেষ পর্যায় পর্যন্ত পৌঁছতে পারে না। যদি আপনি সফল এবং প্রভাবশালী বক্তা হওয়া নিশ্চিত করেন তবে আমি আপনাকে উপদেশ দেবো, যতদিন পর্যন্ত না আপনি আপনার ক্ষেত্রে সফল হচ্ছেন, ততদিন পর্যন্ত আপনি আপনার লক্ষ্যে স্থির থাকুন।

ভয়-ভীতিরও একটা অর্থ আছে :

অল্প একটু ভীতি সব বক্তারই থাকে, অতএব একে নিজের বন্ধু মনে করুন। যদি এই সামান্য ভয়-ভীতি আপনাকে ছেড়ে যায় তবে আপনি নিজেকে অনেক বড়ো বক্তা ভাবতে শুরু করে দেবেন। অর্থাৎ আর বেশী উন্নতি করতে পারবেন না। অনেক বড়ো বড়ো বক্তা এবং সঙ্গীতকারদের সাথে আমি কথা বলেছি এবং জেনেছি একটু ভয়-ভীতি তাদেরও থাকে যখন তারা মঞ্চে বক্তব্য রাখতে বা গান গাইতে যান। এটা সেই ভয়-ভীতি যা তাদের অধিক থেকে অধিকতর পরিশ্রম করতে অর্থাৎ সফলতার দিকে এগিয়ে দিতে সাহায্য করে।

এই সমস্ত ব্যক্তিদের মতো আপনিও ভীতি অনুভব করেছেন। কিন্তু যদি সমস্ত পদ্ধতিকে জেনেছেন এবং রপ্ত করে নিয়েছেন, সঠিক বিষয় নির্বাচন করেছেন, তবে মঞ্চে ওঠার সময় শ্রোতাদের সামনে ভাষণ দেওয়ার সময় ভীতির সাথে অন্য চিন্তাও দুর হয়ে যাবে।

মহান ব্যক্তিদের থেকে শিক্ষা নিন :

ইতিহাসে কিছু এমন ব্যক্তি আছেন যাঁরা নিজেকে কঠিন পরিশ্রমের দ্বারা এবং

একাগ্রতার সাথে সফলতার শিখরে পৌঁচেছেন। এইধরণের ব্যক্তির জীবন থেকে আমাদের শিক্ষা নিতে হবে। আমেরিকার ভূতপূর্ব রাষ্ট্রপতি আব্রাহাম লিঙ্কন-এর সম্বন্ধে কেনা জানেন? তাঁর জন্ম অত্যন্ত গরীব পরিবারে হয়েছিল। অত্যন্ত পরিশ্রম করে তিনি কিছু পুরনো বই কেনেন। কখনো উনুনের আগুনের আলোতে, কখনো ল্যাম্পপোস্টের আলোতে পড়াশোনা করতেন। কয়লা দিয়ে পেনসিলের কাজ চালাতেন। অত্যন্ত কঠিন পরিশ্রম করে জ্ঞান অর্জন করেন। লিঙ্কন কখনো জঙ্গালে গিয়ে, কখনো গ্রামের লোকজনদের একত্রিত করে ভাষণ দেওয়া অভ্যাস করেন আর এই অভ্যাসই তাঁকে একদিন আমেরিকার রাষ্ট্রপতি করে তোলে।

আমি আপনাকে বলতে চাইছি যে, যদি একজন কায়িক পরিশ্রম করে জীবিকা নির্বাহকারী ব্যক্তি পুরনো বই পড়ে জ্ঞান অর্জন করে আমেরিকার প্রেসিডেন্ট হয়ে উঠতে পারেন, তবে খুব সহজেই আপনিও একজন সফল এবং প্রভাবশালী বক্তা হয়ে উঠতে পারেন, কারণ আপনার কাছে অনেকবেশী সুযোগ-সুবিধা আছে। শুধু প্রয়োজন দৃঢ়তা, কঠিন পরিশ্রম এবং সত্যিকারের চেষ্টা। অধিকাংশ লোকেরা এইজন্য অসফল হয় কারণ তাদের পথ-প্রদর্শক কেউ থাকে না। কিন্তু আমি খুব আনন্দিত যে আপনি আপনার লক্ষ্যে পৌঁছতে আমার দেওয়া পদ্ধতি ও নিয়মকে গ্রহণ করেছেন। আমার বিশ্বাস, সফল বক্তা হওয়ার জন্য এর থেকে ভালো পদ্ধতি আর কেউ আজ পর্যন্ত বলেননি।

সফলতাকে উদ্দেশ্য করে তুলুন :

আপনি যখন স্থির করে নেবেন যে সফল হতেই হবে, আর তাকেই উদ্দেশ্য করে নেন, তবে আপনি অবশ্যই আপনার লক্ষ্যে পৌঁছে যাবেন। ছাত্রদের সামনে একটাই উদ্দেশ্য থাকে যেকোনো ভাবে তাকে পরীক্ষাতে পাশ করতে হবে। তারজন্য সে কঠিন পরিশ্রম করে আর একদিন নিজের উদ্দেশ্যে সফল হয়ে যায়। লরেন্স স্টার্ন বলেছেন—উদ্দেশ্য ভালো থাকলে দৃঢ়তা এবং উদ্দেশ্য খারাপ হলে তাকে হটকারিতা বলে মনে করা হয়। আপনার উদ্দেশ্য ভালো তাই দৃঢ়তা অতি অবশ্যই আসবে, যা

আপনাকে সফল বক্তা হতে সহায়তা করবে। আপনাকে আমার এটাই বলার যে শেখা শুরু করার আগেই নিজেকে উদ্দেশ্যের প্রতি সমর্পিত করুন। এতে সৎভাবে পরিশ্রম করাও লুকিয়ে থাকে এবং সাকারাত্মক চিন্তাও আপনাকে মজবুত করে তুলবে।

নিজের মধ্যে উৎসাহ এবং শক্তি জাগান :

ইমারসন বলেছেন—বিশ্বের ইতিহাসে প্রত্যেক মহান আর মহত্বপূর্ণ আন্দোলন—উৎসাহের সফলতা। আর একটা জায়গায় তিনি এটাও বলেছেন—বিনা উৎসাহে আজ পর্যন্ত কেউ সফল হয়নি আর কেউ হবেও না। মাউন্ট এভারেস্ট বিজয়ীদের সাথে কথা বলেও জেনেছি—অত্যন্ত উৎসাহ ও আকর্ষণই তাদের বিজয়ের মূল কারণ। আপনি সমস্ত পদ্ধতিকে অত্যন্ত আকর্ষণ ও উৎসাহের সাথে শিখে দেখুন, একদিন সফলতা আপনার হাতের মুঠোয় থাকবে। আর আপনি লোকপ্রিয় বক্তাদের মধ্যে পরিগণিত হবেন।

ভাষণে ব্যবহৃত সহায়ক-সামগ্রী

চীনের এক পুরাতন কাহিনী আছে, 'একটা ছবি হাজার শব্দের কাজ করে।' ছবি, নক্‌শা, স্লাইডস্, মডেল ইত্যাদি থেকে শ্রোতাদের কোনো বিষয় বোঝাতে অত্যন্ত সুবিধা হয়। এভাবে শ্রোতাদের সামনে ব্যক্ত করা সংবাদ তাদের খুব সহজে বোধগম্য হয় এবং দীর্ঘক্ষণ পর্যন্ত মনেও থাকে। যদি আমরা সেই বক্তব্যই শব্দের মাধ্যমে ব্যক্ত করি, তাহলে তাতে গ্রহণ-ক্ষমতা কম থাকে। এক্ষেত্রে শ্রোতাদের বাঁধার জন্য অনেকবেশী শব্দের ব্যবহার করতে হয়। তারা যে সম্পূর্ণ গ্রহণ করতে পারছেন তাতে কোনো গ্যারান্টি নেই। দ্বিতীয় বিশ্বযুদ্ধের ফলে চার্চিলের জীতে 'V' চিহ্নও শ্রোতাদের ততটাই আকর্ষিত করে, যতটা তাদের জোরদার ভাষণে।

ভাষণে সহায়ক সামগ্রি দিয়ে বক্তা তার বিষয়কে খুব কম সময়ে ব্যক্ত করতে পারেন অর্থাৎ তাতে ব্যবহারিক ক্ষমতা থাকে যা শিখতে, বুঝতে সহজ করে দেয়। রাস্তার ধারে লাগানো বোর্ড থেকে ড্রাইভার বুঝে নেয় সামনে বাঙ্ক আছে, স্কুল আছে, হসপিটাল আছে, স্পিড ব্রেকার বা রেলগেট আছে। এই সমস্ত জিনিসকে ছোটো ছোটো চিহ্ন দিয়ে দেখানো হয়। যদি এই চিহ্নর বদলে অন্য কিছু লেখা থাকত তবে হয়ত সেটা পড়ার জন্য দাঁড়াতে হতো।

আমাদের চোখ থেকে মাথা পর্যন্ত যে শিরাগুলি যায় তা তার থেকে কয়েকগুণ লম্বা হয় যা কান থেকে মস্তিষ্ক পর্যন্ত যায়। বৈজ্ঞানিকদের মতে জানা যায় আমরা কানের সাহায্যে শোনা কথা অপেক্ষা চোখের দ্বারা দেখা জিনিসের প্রতি পঁচিশগুণ বেশী মনোযোগ দিই।

বাচ্ছাদের ছোটবেলায় যখন ইংরাজী বা অন্য কোনো ভাষা শেখানো হয়, তখন সেগুলি বিভিন্ন রং এবং প্রতীকের সাহায্যে শেখানো হয়। ফলে সেগুলি তারা সহজেই মনে রাখতে পারে। ইংরাজিতে A শেখানোর জন্য লাল রঙের আপেল দেখানো হয়। বাচ্ছাদের যদি A লিখে জিজ্ঞাসা করা হয় এটা কী? তখন তারা তাদের মনে প্রথমে আপেলের ছবি স্মরণ করে তবে বলে এটা A। সেইভাবে যদি আপনি ভাষণে সম্বন্ধীয় বিষয়কে ছবি, স্লাইডস্ বা মডেলের সাহায্যে বোঝানোর চেষ্টা করেন তবে অনেক বেশী আকর্ষক এবং গ্রহণীয় হবে যা শ্রোতারা অতি সহজেই বুঝতে পারবে।

যখন আপনি এই সহায়ক-সামগ্রীগুলি আপনার ভাষণে ব্যবহার করবেন, তখন এই বিষয়গুলি মনে রাখবেন।—

১. এটা কি শ্রোতাদের মনোযোগ আকর্ষণ করবে?

২. এটা কি দুর থেকে দেখা বা পড়া যাবে?

৩. এটা কি পরিস্থিতির অনুকূল?

৪. বাস্তবে কি এটার আপনার প্রয়োজন আছে?

৫. আপনি কি সামগ্রীগুলিকে সহজে পেয়ে যাবেন?

৬. আপনার শব্দের দ্বারা বর্ণনা এর থেকে ভালো?

৭. সেটা কি আপনার বিষয়ের সম্পূর্ণ সম্বন্ধীয়।

এগুলির সাথে আপনাকে এটা লক্ষ্য রাখতে হবে কী কী জিনিস কীভাবে উপস্থাপন করবেন, আর কী কী জিনিস করবেন না।—

১. সহায়ক সামগ্রীর সংখ্যা যেন সীমিত হয়, বেশী না হয়ে যায়।

২. বোর্ডের উপর অধিক অনুসন্ধান জানানোর চেষ্টা করবেন না। কারণ এতে তাদের বোঝানো মুশকিল হয়ে যাবে অর্থাৎ শ্রোতারা এই খোঁজের মধ্যেই আটকে থাকবে।

৩. এই সমস্ত সহায়ক সামগ্রী ঠিকমতো পরীক্ষা করে নেবেন। যদি প্রোজেক্টর ব্যবহার করেন, তবে তার ফিউজ ইত্যাদি পরীক্ষা করবেন। তার সাথে সেটাকে প্লাগে লাগিয়ে দেখে নেবেন ঠিকমতো কাজ করছে কিনা। তার সাথে অতিরিক্ত তারও রাখবেন। ভাষণ দেওয়ার সময় হঠাৎ খারাপ হয়ে গেলে সেটা ঠিক করার সরঞ্জাম প্রস্তুত রাখবেন।

৪. যখন আপনি শ্রোতাদের ভাষণের মাধ্যমে এই দৃশ্য-সহায়ক দ্রব্যগুলিকে দেখাবেন, তখন লক্ষ্য রাখবেন যেন আপনার দৃষ্টি শ্রোতাদের দিকে থাকে। শ্রোতাদের দিকে পিছন ফিরে যেন বক্তব্য রাখবেন না। তাতে তারা আপনার কথা শুনতে পাবেন না।

৫. যখন আপনি শ্রোতাদের সহায়ক সামগ্রী দেখাবেন তখন আপনি সেটা আড়াল করে দাঁড়াবেন না, পাশে দাঁড়িয়ে দেখাবেন। যাতে শ্রোতারা সেটা ঠিকভাবে দেখতে পান।

৬. অর্থহীন কোনো বিষয়ের ছবি বা ফিল্ম দেখানোতে কোনো ফল হবে না। শুধু কাজের কথাই বলুন।

৭. যতদুর সম্ভব হবে এই সামগ্রীগুলিকে শ্রোতাদের দৃষ্টি থেকে দুরে রাখুন। শ্রোতাদের দৃষ্টি যেন তখনই পড়ে যখন আপনি সেগুলি দেখানোর জন্য হাতে নেবেন।

৮. আপনার ভাষণের মাধ্যমে দৃশ্য বা শ্রব্য সহায়ক-সামগ্রী কখনো শ্রোতাদের হাতে দেবেন না। এতে তাদের মনোযোগ সেই বস্তুর দিকে চলে যাবে অর্থাৎ আপনার ভাষণকে তারা মনোযোগ সহকারে শুনবে না।

৯. যখন আপনি কোন সামগ্রীকে শ্রোতাদের দেখাবেন তখন সর্বদা শ্রোতাদের দিকে তাকিয়ে বোঝাবেন। কারণ আপনি শ্রোতাদের বোঝাচ্ছেন, বস্তুকে নয়।

১০. সামগ্রীকে আপনি সঠিক উঁচুতে তুলে ধরুন যাতে শ্রোতারা সেটা দেখতে পায়।

১১. যেসব সামগ্রী আপনি আপনার বিষয়কে বোঝাবার জন্য প্রয়োগ করবেন, চেষ্টা করবেন পরে সেগুলি মঞ্চ থেকে সরিয়ে দেবার।

১২. সামগ্রীগুলি সঠিকভাবে রাখবেন, যাতে ভাষণ দেবার সময় তাতে ধাক্কা খেয়ে আপনি পড়ে না যান।

এই সামগ্রীসমূহ প্রয়োগের সাথে সাথে আপনাকে মনে রাখতে হবে যে, এগুলি শুধু সামগ্রী। সেগুলি তখনই সহায়তা করবে যখন তার সাথে সাথে আপনার ভাষণও স্তরীয়, আকর্ষক অর্থাৎ প্রভাবশালী হবে। আমি আপনাকে আর একটি বিশেষ কথা জানাতে চায় সেটা হলো আপনি নিজে একজন খুব ভালো সহায়ক-সামগ্রী। শ্রোতা শুধু আপনার শব্দকে শোনে না, বরঞ্চ আপনার শারীরিক গতিবিধিও দেখে। যদি মঞ্চে

আপনি আনন্দিত, আত্মবিশ্বাসী দেখান, যদি আপনার কথাবার্তাতে বিশ্বাস উৎপন্ন হয়, আপনার চেহারাতে এক তেজস্বিতার চমক থাকে, তাহলে জনতা আপনার বিষয়কে অধিক বেশী ধ্যান ও আগ্রহের সঙ্গো শুনবে।

হাতিয়ার (সহায়ক-সামগ্রী) :

মঞ্চে ভাষণের মাধ্যমে প্রয়োগ করার হাতিয়ার—একটা চক্, টেপরেকর্ডার, ব্ল্যাকবোর্ড থেকে ইলেকট্রনিক উপকরণ—ইত্যাদি হতে পারে। আপনার নিজের হাতে তৈরী চার্ট, তালিকা, রেখাচিত্র, ফটো ইত্যাদিও হতে পারে। এমন কিছু সহায়ক-সামগ্রী, যা ভাষণের পরে আর প্রয়োজনীয় নয়, আপনি সেগুলি শ্রোতাদের দিয়ে দিতে পারেন।

মঞ্চের বন্ধু :

যখন আপনি ভাষণের জন্য দৃশ্য অথবা শ্রব্য সহায়ক-সামগ্রী নিয়ে যান, তাতে আপনার মনের জোর কয়েকগুণ বেড়ে যায়। আপনি নিজেকে একাকী মনে করবেন না। কারণ আপনার সাথে চার্ট, তালিকা, চক্, মডেল ইত্যাদি বন্ধু আছে যা আপনার উৎসাহ বাড়াবে আর বিষয়কে প্রস্তুত করতে আপনাকে সহায়তা করবে। আপনি এই কাজের জন্য যত ইচ্ছা বস্তু ব্যবহার করতে পারেন, কিন্তু যখন দেখবেন এইসব জিনিস দেখে শ্রোতারা অধৈর্য্য হয়ে গেছে তবে তক্ষুনি তা দেখানো বন্ধ করে দেবেন।

সাদা কাগজ ব্যবহার করুন :

ভাষণের মাধ্যমে আপনি কিছু লেখার জন্য ব্ল্যাকবোর্ড ব্যবহার করবেন না, কারণ ব্ল্যাকবোর্ড বেশী পরিষ্কার থাকে না। তারজন্য আপনাকে ডাস্টার বা কাপড় চাইতে হবে। কখনো কখনো ভালো চক্ও পাওয়া যায় না। চক্ দিয়ে লিখলে আপনার হাতে এবং কাপড়ে সাদা দাগ লেগে যাবে। ব্ল্যাকবোর্ড অনেক সময় চক্চক্ করে, যার জন্য ঠিকমতো পড়া যায় না। যদি আমরা ব্ল্যাকবোর্ডের জায়গায় সাদা কাগজ বা কার্ডশীট ব্যবহার করি তবে তার ভালো প্রভাব পড়ে। সাদা কাগজে আমরা যেকোনো প্রকারের রংও ব্যবহার করতে পারি। সাদা কাগজে লিখে আপনাকে মুছতেও হবে না।

সহায়ক-সামগ্রীর জন্য সময় :

ভাষণের জন্য যখন আপনি দৃশ্য ও শ্রব্য সহায়ক-সামগ্রীর ব্যবহার করবেন, তখন আপনার ভাষণের সময় সম্পর্কে বিশেষ নজর রাখতে হবে। কারণ যখন আমরা বিষয়কে বোঝাবার জন্য যদি সহায়ক বস্তু প্রয়োগ করি, তখন সামান্য বেশী সময় লাগে। যদি আপনি দৃশ্য কোনো বস্তু ব্যবহার করতে যাচ্ছেন তাহলে তা আগে থেকে অভ্যাস করে নিন যাতে আপনি বুঝতে পারেন নির্ধারিত সময়ে আপনি ভাষণ সমাপ্ত করতে পারবেন কিনা।

দুর্ঘটনাসমূহ :

যদি আপনি দৃশ্য-শ্রব্য সহায়ক-সামগ্রীর সাথে কিছু সময় অভ্যাস করে নেন, তবে মঞ্চে তেমন কিছু অসুবিধা হবে না। তবুও যদি আপনার একটা উপকরণ খারাপ হয়ে যায়—তবে তার জায়গায় আপনাকে অন্য ব্যবস্থা নিতে হবে। যদি আপনি প্রোজেক্টার ব্যবহার করেন তবে এই সমস্যাগুলি আসতে পারে।

১. উপকরণ উল্টে থাকতে পারে।

২. ফোকাস ঠিকমতো আসছে না।

৩. বাল্ব জ্বলে যেতে পারে।

৪. ফিউজ চলে যেতে পারে।

৫. ভুল স্লাইডস লাগাতে পারেন।

যদি আপনার প্রোজেক্টার ঠিক জায়গায় না লাগানো হয় তবে আপনার শ্রোতাদের ঘাড়ে ব্যথা হতে পারে। প্রজেক্টার প্রয়োগ করার সময় লক্ষ্য রাখবেন সমস্ত স্লাইডস্ যেন পর্যায়ক্রমে সাজানো থাকে। সম্ভব হলে স্লাইডের উপর মার্কার পেন দিয়ে কিছু চিহ্ন করে দিতে পারেন। যদি আপনি সর্বদা প্রোজেক্টার ব্যবহার করেন, তবে সবসময় অতিরিক্ত বাল্ব এবং ফিউজ কাছে রাখবেন।

●●●